名师名校名校长

凝聚名师共识
回应名师关怀
打造名师品牌
培育名师群体

　　　　　朱永新题

现代高中生物教学
与翻转课堂模式研究

范祝香 / 著

北京燕山出版社
BEIJING YANSHAN PRESS

图书在版编目（CIP）数据

现代高中生物教学与翻转课堂模式研究 / 范祝香著
. — 北京：北京燕山出版社，2022.1
ISBN 978-7-5402-6320-1

Ⅰ.①现… Ⅱ.①范… Ⅲ.①生物课－教学研究－高
中 Ⅳ.①G633.912

中国版本图书馆CIP数据核字（2021）第258380号

现代高中生物教学与翻转课堂模式研究

著 者	范祝香	
责任编辑	李 涛	
出版发行	北京燕山出版社	
地 址	北京市丰台区东铁匠营苇子坑138号C座	
电 话	010-65240430	
邮 编	100079	
印 刷	北京政采印刷服务有限公司	
经 销	新华书店	
开 本	170mm×240mm 16 开	
字 数	230千字	
印 张	12.75	
版 次	2022年1月第1版	
印 次	2022年1月第1次印刷	
定 价	45.00元	

生物学是社会发展的一个重要学科，其对社会的发展和人类的进步有巨大的作用，它在高中教学中也占有非常重要的地位。生物学是一门非常严谨的学科，不仅可以锻炼学生的实际操作能力，还可以培养学生的思维能力。当前，对高中生物教学越来越重视，在授课过程中，教师的逻辑思维会直接影响到学生学习生物的灵活性和主动性。因此，在教学过程中，可以运用翻转课堂教学模式，引导学生发现问题、提出问题和解决问题，让班级这样一个群体的学习空间，变成一个动态的、互动的场所，借助思考讨论和交流互动，将理论应用于实践，鼓励学生用生物学知识去解决实际问题，激发学生主动学习探究的潜能，将枯燥的知识学习转变为有趣的探究活动，并在探究过程中进一步提升学生的交流协作与创新能力。

基于此，笔者撰写了《现代高中生物教学与翻转课堂模式研究》一书。全书在内容编排上共设置六章，以高中生物教学的理论依据、高中生物教学的有效性思考、新课改背景下高中生物教学改革为切入点，重点探讨高中生物高效课堂教学与效率提升、高中生物结构化教学及其策略分析、翻转课堂模式及其应用价值体现、高中生物教学中翻转课堂教学模式的创新、高中生物翻转课堂教学模式的应用实践研究。

全书有两个特点值得一提。一是理论联系实际，突出实践性特点：对高中生物结构化教学的核心与模式、翻转课堂在高中生物教学中渗透与实践的优化进行阐述。二是语言通俗易懂，内容结构明晰：本书的语言简明扼要，没有使用生僻的专业理论词汇和晦涩难懂的语句；内容结构方面，既有理论知识也有实际应用，形成了从理论到理论与实践结合，再到实际应用的格局。

笔者在撰写本书的过程中，得到了许多专家学者的帮助和指导，在此表示诚挚的谢意。由于笔者水平有限，加之时间仓促，书中涉及的内容难免有疏漏之处，希望各位读者多提宝贵意见，以便笔者进一步修改，使之更加完善。

第一章 绪 论

第二章 高中生物高效课堂教学与效率提升

第三章 高中生物结构化教学及其策略分析

第四章　翻转课堂模式及其应用价值体现

第五章　高中生物教学中翻转课堂教学模式的创新

第六章　高中生物翻转课堂教学模式的应用实践研究

第一章

绪 论

1

第一节　高中生物教学的理论依据

一、孔子的因材施教教育思想

孔子是我国古代最伟大的教育家，其教育思想与当前素质教育理念有很多相通之处。孔子在长期的教育实践中创立了人性差异的观念，以"性相近也，习相远也"作为教育实践的指南，进而提出了因材施教的教育原则。孔子指出，"为力不同科，古之道也"，主张根据学生的特点水平进行不同的教育。孔子有因材施教的思想，他的教育实践也实实在在地体现了这一思想。

实施因材施教的关键是，对学生有深刻而全面的了解，准确掌握学生各方面的特点，之后才能有针对性地对不同的学生进行不同的教育。孔子十分注重观察、研究学生。他采用的方法有"听其言而观其行"以及"视其所以，观其所由，察其所安，人焉廋哉"。即通过观察和与学生谈话的方式全面了解学生。正因如此，孔子十分熟悉每一个学生的特点与个性，如孔子说，"柴也愚，参也鲁，师也辟，由也喭"，其意为学生高柴愚笨，曾参迟钝，颛孙师偏激，仲由鲁莽。

孔子因材施教的教学方法，对现在实施素质教育也大有启发。在相当长的时期里，教师的教育模式是满堂灌，不利于学生的个性差异，不能保证全体学生的素质都得到提高。当前实施素质教育就非常注重吸取孔子因材施教的思想，从学生实际出发，注重学生的个性特点，从而实现共同进步、共同发展、共同培养的目的。

二、陶行知的生活教育思想

"教育即生活"是陶行知生活教育理论的核心。在陶行知看来，教育和生活是同一过程，教育应含于生活之中，教育必须和生活结合才能发生作用。
"生活即教育"的核心内容是过怎样的生活便是受怎样的教育。生活教育思想认为，人们在社会上的生活方式与场合不同，其所受的教育也不会相同。另外，生活教育与生俱来，与生同去。可见，陶行知的"教育"是指终身教育，它以生活为前提，不与实际生活相结合的教育就不是真正的教育。生活即教育，其本质是生活决定教育，教育改造生活。教育的目的、内容、原则、方法均由生活决定，教育要通过生活来进行，整个的生活要有整个的教育，生活是发展的，教育也应随时代的前进而不断发展。但是，教育也不是被动地由生活制约，它对生活有能动的促进作用。生活教育的实质体现了生活与教育的辩证关系。教师需要在常规的生活中，找出教育的特殊意义，发挥出教育的特殊力量。同时，要在特殊的教育里，找出其与一般生活的联系，展开对一般生活的普遍而深刻的影响。把教育推广到生活所包括的各个领域，使生活提高到教育所期望的水平。

第二节　高中生物教学的有效性思考

一、高中生物教学的有效性分析

（一）高中生物教学有效性的特征

所谓教学的有效性，是指通过课堂教学使学生获得发展。发展指的是知识与技能、过程与方法、情感态度与价值观三者的协调发展。课堂教学的有效性是指通过课堂教育教学活动，使学生在学业上有收获、有提高、有进步，具体表现在两个方面：一是学生在认知上，从不懂到懂、从少知到多知、从不会到会；二是在情感上，从不喜欢到喜欢、从不热爱到热爱、从不感兴趣到感兴趣。

课堂教学的有效性特征（或表现）有很多，但其最核心的特征是指学生是否愿意学、是否主动学以及怎样学、会不会学等。一般来说，有效的课堂教学应具有三个基本特征：①学习活动化，即师生共同参与创造性活动，以促进学习；②学习背景化，即把教学与学生的真实生活联系起来；③过程交往化，即通过对话进行教学，通过课程发展学生的语言表达能力。总之，课堂的有效性不仅指课堂的教学活动要有实效性，还指在原有基础上提高教学的实际效率。

（二）高中生物教学有效性的原则

有效性教学决定着教学质量的高低，它是教师永远不变的职业诉求，是决定新课程改革成功与否的关键。在高中新课程的教学中，要克服以往教学中出现的无效、低效的瓶颈，提高教学的有效性。除了针对教学现状选择适合的教学策略外，必须遵循以下四个原则：

1. 落实"三维"目标的原则

实现课程目标，提高学生素质，提高课堂教学有效性，要以课堂"三维"目标的有效达成为前提，从教学材料中提炼"三维"目标，将它们用"认识""理解""掌握""经历""体验""探索""进一步""会""灵活运用""熟练"等词语描述出来，并能将它们按照一定的层级排列，既是课堂教学对教师提出的必然要求，也是实现有效性教学的基本要求。在生物学中，即具体表现为以下三个方面：

（1）把培养学生浓厚的生物学兴趣，作为实现情感与态度目标的切入点。兴趣是天性，是学生学习的天然教师，是良好学习动机生成的基础，是学生的基础学力之一。没有兴趣的学习是对生命的漠视，积极参与教学活动是有效学习的基础与前提，有效的学习离不开兴趣的指引，培养学生对生物学的热爱、亲近与追求是课堂教学的目标之一，是教师第一位的任务。

（2）让学生掌握必备的生物学基础知识和基本技能。一定的知识和技能是学生可持续发展的必备条件，合理的知识与技能目标的达成是教育的永恒话题。学生作为社会人，都有承担责任并在责任中获得自信和成功的需要。研究学生的需要，创造适合学生学习的情境，是让学生获取知识与技能的有效途径。高中学生自主探索获取的知识是真正有用的和可以"运动"的知识。培养学生良好的探究习惯，让学生在尝试中学习，在活动中生成，在生成中提高解决问题的意识与能力，才能让知识与能力实现有效的"操练"，才能为后续的学习奠定坚实的基础。

（3）注重学生学习的过程，适时渗透生物学的思想方法。让学生从生活中提炼生物学问题，再通过观察、猜想、试验、验证、运用，让学生感受获取知识的过程，培养学生对生物学的热爱，用生命科学的眼光观察周围的世界，利用知识解决简单的实际问题。在生物学习过程中，要适时向学生渗透归纳、概括、类比、假设、辩证等思想方法，对促进学生思维的深刻性、灵活性、发散性、提高他们的创新精神与意识会有很大的帮助。同时，还应结合教学实际适当地要求学生掌握一些常用的学习方法与技巧。

2. 尊重学生差异的原则

受遗传因素和后天成长环境的影响，每个人都是不同的。所以，学生在接受能力、反应速度和思维方式等方面都会有很大的不同。不同的学生有不同的特点，不同的学生有不同的解决问题的方法，如有的学生解答问题时擅长借助实物，有的学生擅长借助图表，有的学生擅长推理计算。

人与人之间的差异是客观存在的，教师应该理解和关注这种差异，尊重每一个学生，为每一个学生找到合适他自己的学习方法，学会欣赏每一个学生的特点，这也是生物课程对教师的基本要求。高中生物教师在教学时要采用差异化教学，根据不同学生的不同特点进行个性化教学。判断教学是否有效的一个重要标准就是学生学习的效果。根据不同学生的特点进行教学，需要认真了解和分析学生的兴趣爱好、掌握的知识技能、思维方式等，在此基础上，为学生提供不同的学习材料，设计形式多样的问题，从而提高学生学习的效果。如对一些抽象思维能力较强的学生，可以给他们提出一些比较灵活的问题，让他们进行自主学习和探究；对一些形象思维能力比较强的学生，可以为他们提供一些学习的辅助资料，让他们利用生物模型学习新知识；对一些直觉思维能力较强的学生，可以引导他们进行推理和计算。

3. 以学生为主体的原则

尊重学生的主体地位，就是要发挥学生的主体作用，这也是目前教育的一个重要思想。学生是学习的主体，是真正意义上的学习者，要让学生主动构建知识体系。但在发挥学生主体作用的同时，也要重视教师的主导作用。通常情况下，学生探究问题总是停留在表面，很难进一步深入。这就需要教师给予适当的指导，帮助学生深入分析问题，否则学生的探究就只能浅尝辄止。如教师在学生探究遇到瓶颈时给出相应的提示，对学生混淆的知识点予以解答，或者在学生迷惑时及时提醒，这些都体现了教师的主导作用。从表面上看，以学生为主体和以教师为主导似乎是相互矛盾的，但实际上二者是相辅相成的，也就是说，在以学生为主体时，不能忽略教师的主导作用，反之，在以教师为主导时，也不能忽视学生的主体地位。

4. 树立学生幸福感的原则

学习要让学习者感到幸福，精神上感到愉悦。学生在学习过程中的幸福感越强，就意味着学生在学习的过程中感受到了自我生命的力量，感受到了自我存在的价值，学习也会更有积极性。但学习本身就是很艰苦的，学生应该学会享受学习的过程，在学习中成长，学校和教师应该让学生感受到学习的愉悦：帮助他们提高学习的幸福指数。为此，教师应该做到以下六个方面：

（1）要有爱心。在教学过程中做到民主、真诚地与学生沟通交流，成为学生的良师益友。

（2）要有亲和力。热情对待学生，关注班级每一个学生的学习，学会尊重和欣赏学生的不同特点，对学习有困难的学生予以帮助。

（3）选择恰当的教学方法。尊重学生的主体地位，帮助学生学会合作与探究，鼓励学生进行各种不同的尝试，吸取失败的经验教训，让学生从疑惑到豁然开朗。组织教学活动时要精心设计，让教学更具有趣味性，根据不同学生的特点设计不同的教学问题，激发学生学习的动力，活跃课堂氛围，让学生积极参与到教学过程中来，这也是课堂教学最重要的一个环节。

（4）以学生为主体。通过情境教学，帮助学生提高学习效率，让学生在探究中对知识有更深入的理解，鼓励学生在实际生活中运用所学知识解决问题，在课堂教学过程中多给学生补充课外知识，提高学生学习的积极性。在课堂上培养学生的创新能力和实践能力，让学生自主发挥才能。

（5）给予学生创造成功的时间和空间。让学生通过学习，感受成功带来的成就感，从而提高学生的自信，激励他们深入学习。

（6）关注课堂的氛围。让课堂始终保持活跃气氛，充满创造力。在学习过程中，让学生有更多创造的机会，自主把握学习。课堂教学中，学生可以把握的机会有很多，主要体现为十二个学习"自主"：在生活中自主发现问题；自主学习并探究；尝试自己解决问题；通过实践验证自己的猜想；学会总结归纳经验教训；确定学习伙伴；拥有发散思维，从不同角度解决问题；将所学内容与实际生活相结合；自主在新知识和旧知识之间建立联系；自主要求教师提高学习难度，活跃课堂氛围；主动与同学分享学习成果和心得；学会自主学习。

（三）高中生物教学有效性的措施

高中生物教学有效性的措施主要有以下两个方面：

1. 制定完整的三维教学目标

教学活动的核心就是实现教学目标，教学目标指导教学的全过程、评价教学的效果、对教学起到激励和调控作用。教师只有准确理解和把握教学目标，才能实现有效的教学。新课标改革的一个重要特点就是提倡三维教学目标。要制定完善的三维教学目标，首先应该在新课程标准的基础上，对整体教学内容有明确的把握，统筹兼顾，分成学年目标、学期目标和单元目标，具体到每一课中，让教学的每个阶段和环节都有目标。此外还要注意，每节课的课堂教学目标安排都应该注意知识、能力和情感三个方面，使它们保持和谐统一，同时要明确对各个目标的理解、运用、分析和评价的要求，使其呈现出不同的层次，体现循序渐进，而且还要可操作，便于评价。

2. 选择有效的教学策略

如何选择有效的教学策略要从以下五个方面进行考虑：

（1）创设能激发学生学习兴趣的情境，让学生找到活动的乐趣。教学过程中，教师应尽量从生活和情境中导入新的知识，让学生在熟悉的情境中产生求知欲，积极探索。课堂导入十分重要，它关系到学生是否有学习的兴趣，对教学效果有着非常重要的影响。所以，教师在教学过程中，要了解不同学生的学习特点，完善教学方法，综合学生的心理行为特点和教学内容，从教学中发现可以创造情境的资源以及各种创新素材，为学生提供多种生动的教学情境和课堂活动，调动学生学习的积极性，让学生主动参与到课堂学习中来。

（2）将学习过程以活动的形式呈现，让学生主动参与知识学习。要让学生真正理解知识并掌握知识，需要教师引导学生自主探究获得，而不应由教师直接传授给学生。教师应不断完善教学过程，实施开放式教学，让课堂活动更贴近学生的实际生活，在活动中融入新知识，让学生学会运用，鼓励学生积极参与课堂活动，让学生在活动中探索新知识，提高创新能力，从而提高学习的效果。

（3）开展全方位的交流，让学生在互动中提高学习能力。教师应营造和谐、民主的课堂氛围，让学生能积极参与课堂讨论。教师在开放式教学中是知识的传授者和学生学习的引导者，是倾听者、活动的参与者和学习者，也是学生的长辈和指路人，可以跟学生建立朋友关系，这都可以让课堂氛围更和谐、更平等，也可以让学生在轻松愉快的环境中发挥自己的潜能。

（4）帮助学生养成良好的学习习惯，提高学生学习的主动性。一是培养学生提问的习惯；二是培养学生积极参与课堂活动的习惯；三是帮助学生养成独立思考的习惯；四是培养学生发表意见，倾听他人意见的习惯；五是培养学生构建知识体系的习惯。

（5）评价学生时多鼓励，这样可以让学生参与活动的积极性更高。不同的学生有不同的特点，这就使他们在学习时有不同的理解、感受和发现能力，对知识难度、感受的方面、发现等都不一样。但只要他们能积极主动地参与学习活动，就一定会学有所获，在原有基础上取得更大的进步。教师在教学过程中，要关注学生是否积极参与课堂以及参与的程度的高低；观察学生在参与过程中的态度和情感；鼓励学生提出问题。给予学生激励性评价，肯定学生优秀的一面。了解学生参与活动时的情绪和体验，肯定学生积极的表现，让学生明确个体活动和团体合作相结合的重要性，让学生对学习活动有更高的参与热情。

二、高中生物教学的有效性提高

高中生物教学的有效性提高，可以从以下五个方面进行：

（一）注重培养学生的主观能动性

学生的主体性指的是在课堂教学中以学生为主体，教师主要起引导作用。课堂教学的对象以学生为主体，学生在成长过程中是单独的个体，其主体性表现的主要组成部分包含受动性、依附性和模仿性。在社会这个大舞台上，每个人都在扮演着不同的角色。学生也一样，他们的身份也都具有多重性，可以是读者、听众，也可以是研究者、实践者等。所以，学生必须积极主动地参与到教学中来，发挥主体性，更加高效地完成学习任务。

目前，以课程改革为背景，在社会发展和教学现代化的双重需求下，为发展和培养学生的主体性品质，主体性教学将成为主流的社会实践活动。而目前基础实践教学和理论研究没有突出学生的主体性地位，为了进一步提高高中生物课堂教学的有效性，必须改变这一点，真正地将学生视为课堂的主体。

（二）构建发展性的课堂教学

发展性课堂教学就是打造一个近乎完美或已经完美的发展性课堂，其具体特征表现为：①以学生的共同利益为基础，学校和家长彼此尊重、共同合作、相互支持，提高学生学习的兴趣；②让学生明白学习的重要性和所学知识对自身的重要性，提高他们的学习积极性；③告知学生在自身能力范围内取得了最好水平，让学生产生自豪感、满足感，促使他们取得更大的成功；④教师要因材施教，根据每个学生的不同性格采用不同的教育方式，从而提高学生学习的主动性；⑤教师对学生的多样性和不同的学习能力予以尊重，形成师生之间相互尊重的关系；⑥学生爱学习，在课堂教学中能够积极主动地参与；⑦除了学习以外，学生也可以将自己所学的其他东西进行展示，教师要进行评价，让每个学生都学有所长，并给予好的评价。

尽管发展性课堂目前只是一种理想的教育模式，但它能使学生的学习环境更有意义，也为教师的方案设计提供了方向。虽然目前的课堂教学与这个标准还有一定的差距，但教师可以以此为课堂教学发展的终极目标，并不断朝这个目标前进。

现在的高中生物课程相比以前的高中生物课程已经有了很大的创新和突破，也给教师和教育工作者提出了更高的要求。教师在教学过程中，要将科学发展观作为思想指导，将教育方针全面贯彻落实，并进行教育改革深化，不断促进素质教育的发展。课堂教学的核心是学生的全面发展，未来的教师和教育工作者应立足长远，站在更高的角度进行审视，以建造与学生身心健康的发展相匹配的教学环境为目的，朝着构建和谐、完美的发展性课堂教育不断前进。

（三）积极创建反思性的课堂教学

课后教学记录和反思意识是有效教学中教师需要具备的好习惯。只有持续对自己的日常教学进行反思，不断思考"怎样的教学才有效"的教师，才能在教学过程中找到更好的教学方法。课后反思的过程是教师重新认识、重新思考课堂教学实践的过程，也是教师有效提高个人教学水平的方法之一，只有不断反思的教师才能成为一名优秀的教师。教学反思的方式有很多种，如把教学过程中遇到的问题记录下来，课后通过自我反思或与其他教师进行交流学习，对比其他教师的教学过程发现自己的差距，并通过学习别人的长处来对自身的不足进行弥补，从而达到自我提升的目的。教学反思的渠道也有很多途径和不同的角度，常用的方式是课后教学反思笔记的撰写，它是通过回顾、审视和思考自己的教学过程，来获得教学水平和教学反思能力的提升，同时课后教学反思笔记也可以作为以后教学研究的案例素材，这样才能很好地提高课堂教学的有效性。

教学反思笔记撰写的内容非常灵活，主要是对教学中存在的问题进行及时记录，通常可以通过几种渠道发现教学问题，如在学生的提问中或者学生的作业和试卷中可以了解到教学过程中做得不足的地方，然后加以调整和改进。同时，教学反思笔记也可以将课堂上成功的地方、学生的创新性见解、突然出现的教学灵感、教学设计方案的优化以及教学评价的反思等都记录下来，这些内容不但可以积累生物教师的教学经验，还能促进其写作水平和思维能力的提升，也体现出教师不断进取、日益精进的教学态度和科研精神。为了胜任新课程的教学任务，教师和教育工作者需要通过不同的渠道进行自身素质的不断完善与提高，使自身的专业素养得到有效提高，其中课堂教学反思就是可行性渠道之一。

（四）建立回归生活的课堂教学

课堂教学是学生学校生活最基本的组成部分，其教学质量对学生现在和未来的各方面发展以及学生的成长都有着至关重要的影响。生物学既是一种实验性科学，也是与生命、生活关系密切的学科之一。生活是具体的、现实的，也是与个人需求、愿望、情感和体验密切相关的，而课堂教学过程实际上也是师生生活过程的一部分，有很多的教育因素都蕴藏在生活的细节里，学生的校内生活和校外生活中存在很多课程资源的开发领域，所以课堂教学与学生生活必须非常紧密地联系在一起。

现阶段，课堂教学与生活密切相连这一理念的重点是在课堂教学中将其予以落实，面向学生、社会和生活展开课堂教学，使其与学生的生活经验和现实生活完全贴近，并重视学生不同的生活形式，包括学生对生活的认知、体验、感悟等，将生活的意义和价值注入课堂教学中来，使学生的生活状况、生活质量和方式等都得到有效提升与改善，培养出热爱生活、理解生活、体验生活和拥有生活感悟的学生，提升他们的生活质量、品位、格调等，在这个基础上再给学生塑造出一种回归生活的课堂教学形式。

（五）与现代信息技术整合的课堂教学

近年来，生物科学和生物技术快速发展，在人类生活和科学研究领域愈发重要。信息技术的发展从教育思想、理论、理念和手段等各方面都促进了教育教学的变革，在实践过程中得到了有效验证，将现代信息技术融入教学模式中，既是顺应信息化社会对课堂教学方式的转变要求，也是知识经济时代对课堂教学方法探究的必要举措。在高中，将生物课程与信息技术相结合，能够更加生动形象地将教学活动表现出来，从而提高学生对生物学习的兴趣。比如，多媒体教学方式可以将教学内容以图片、视频短片、模拟动画等形式呈现出来，这样就能将教师在讲授中无法表达的部分简单地描述出来，从而提高学生理解和接受新知识的速度。在试验教学中尤其明显，教师利用多媒体技术进行课件设计，能够让学生更直观地感受试验，从而打破传统教学方式单一的课堂教学和教学条件的限制。

多媒体教学的优势主要有：第一，使生物信息的密度得到有效增加，将课堂内容呈现得图文并茂，生动具体，使学生对生物学的了解更加广泛和深入，提升学生的课堂学习效率；第二，在课堂教学中通过多媒体的辅助，能够将微观的知识宏观地表现出来，使师生无法通过肉眼看到并展示出来的细胞、病毒和真菌等，可以通过多媒体技术模拟显微镜放大后的图像，将画面宏观地展示出来；第三，多媒体技术能够将静态的书面知识转化为动态的生物过程，生命是在不断运动的，生物的生长、发育、繁殖等生理过程也是不断变化的，但时间周期较长，空间跨度较大，无法用言语进行深刻准确的描述，而多媒体技术就能将这些动态的过程呈现出来。

课堂教学既是对传统讲授和板书课堂教学模式的传承，也要与社会的发展同步，与时俱进，顺应时代发展的要求，两者各有优势，也都有不足，只有将两者有机地结合起来，取长补短，才能更好地服务于有效课堂教学。

第三节　新课改背景下高中生物教学改革

在新课程改革的推动下，各学科在提升学生的综合素养方面都增加了新的教学内容、加大了教学力度，在生物学科上的具体表现是：进一步将生物学的专业知识与生活实际紧密联系起来，在课堂教学过程中融入实际场景，让学生加深对知识的理解，使学生可以利用所学知识积极解决生活中出现的问题和困境。

一、新课改背景下高中生物教学改革困境

（一）教学观念未发生质的变化

教育部实施新课程改革的最根本目的在于推动我国中小学教育实现现代化，由单一的从成绩衡量学生的学习效果的评价方式，改为以思维能力、动手操作能力等多元化评价方式，多维度、多方面地提升每一位学生的综合素养，加强对学生的素质教育。但是，目前大部分教师并未意识到新课程改革在教学观念上发生的转变，依然延续着以往的教学模式和教学方法。如新课程改革明确提出要将课堂的主动权交还给学生，让学生成为课堂的主导者，教师要引导学生主动对所学知识提出问题，进行思考。但是，当前很多教师依然采用原有的课堂教学模式——教师讲，学生听，再加上生物学的学科特性，教师能够进行的有效提问相对较少，这就造成大多数的生物课堂氛围十分枯燥，学生丧失了学习的积极性，减少了与教师的有效互动。这一方面，使教师不能够及时了解学生具体的学习情况和在学习过程中遇到的困难，只能延续已经设置好的教学计划进行教学；另一方面，学生在这一过程中逐渐丧失对该学科的学习兴趣，对之后的学习产生负面影响。

（二）教学方法较为单一

虽然高中阶段的生物教材内容相对较为基础，但它对学生来说是一门比较陌生的学科，因此选择适合的教学方法和教学模式是有效开展教学活动的关键，只有这样才能将知识传递给学生。随着时代的发展，学生的学习类型和学习情况发生了翻天覆地的变化。如果教师能够有针对性地使用不同的教学手段，如利用多媒体技术、互联网技术等，使课堂教学既有趣，又包含专业的生物学知识，这样就能够切实提高课堂教学的质量与效果。但就目前大多数的高中生物教学状况来说，课堂依然采用传统的以教师为主导的课堂教学模式，一方面使教学效果大打折扣；另一方面，师生之间的互动愈发减少，使学生和教师之间产生了一道隐形的不可逾越的鸿沟，学生的思考创新、主动学习的能力也随之下降。

（三）教学情境未真正实施

当前，在新课程改革的要求逐步落实的背景下，由于教师在实施创新性教学情境方面存在能力和经验上的不足，大多还依然采用原有的教学情境模式，单一地对课本上的知识点进行解释，很少与学生对所学内容展开讨论，对于重要的知识内容，教师更多的是给学生布置繁重的作业和背诵任务来增加学生对于知识点的理解和记忆，这与新课程改革的内容完全相悖。从整体上看，我国的高中生物教学情况普遍都存在着刻板、僵化的通病，在提升学生学习积极性方面十分不足。

（四）生物教师综合素质有待提高

新课程改革在教育的宏观发展方向上提出了明确的要求，但在各个学校的具体实施层面并没有给予详细的阐释，这就要求学校的管理层和一线教师结合自身的教学经历，以及专业的教育学知识对新课程改革的内容做深入的研究。然而，由于我国部分高中生物教师的专业教育素养相对欠缺，对于改革背景下的生物教学没有进行相应的创新性改变，阻碍了我国高中生物教学质量的提升。教师作为影响学生学习效果的决定性因素之一，其专业素养往往决定了教学的质量和效率，如部分教师虽然教学经验丰富，对不同类型的学生都能给予针对性的教育，但在生物学的专业知识体系方面相对欠缺，面对学生对所学知识提出的发散性问题不能及时给予专业性的解答，这在一定程度上制约了学生的进一步学习与思考；还有一部分教师，虽然自身的知识能力过硬，但在教学方法上不能与时俱进，不能充分利用多媒体技术、互联网技术等来丰富课堂的教学情境，从而使学生不能持续地在课堂上集中注意力，尤其对一些理科学科较薄弱的学生来说更是跟不上课堂教学的进度，这部分学生的学习效果就会相对较差，他们对生物学习会逐渐产生抗拒感。

二、新课改背景下高中生物教学提升策略

（一）改变传统生物教学的观念

由于我国各大高中学校的课堂教学模式是教师处于主导地位，是学生学习进程中的主要引领者，因此，教师的教学观念对学生的学习效率和学习质量有着重要的影响。首先，新时代的学生群体成长环境与先进的互联网技术和多媒体技术联系紧密，在思维模式上、学习动机上与之前相比发生了巨大变化，教师要对这一社会发展趋势有客观、全面的了解，在教育理念上要意识到与时俱进的重要性，关注学生在学习过程中的新变化、出现的新问题，充分发挥自己的主观能动性，创新性地提出有效的解决方案。其次，教师要重视对学生的素质教育，学生只有具备良好的道德素质，才能利用所学的专业知识造福社会，这从长远的社会发展来看是极具积极意义的。最后，教师要对正确的教育理念的核心内容有深刻的认识，同时还能积极地对教学理念进行创新，使其更适用于具体的实践教学情境。

（二）丰富生物教学方法

在教学过程中，教师选用的教学方法对学生形成积极主动的学习态度具有重要的影响作用：第一，不同学生个体的具体学习情况是不同的，采用多样化的教学方法有利于激发每一位学生的学习潜力；第二，在课堂上实施丰富的教学方法，能给学生带来新鲜感，从而活跃课堂教学氛围，增加课堂教学的趣味性，进而提升学生的学习积极性，拉近学生与教师之间的距离。

（三）创建生物课堂教学情境

随着新课程改革，以及现代知识型社会的不断发展，生物知识的学习重要性开始逐渐凸显，为了更好地实现新课程改革的目标，生物学科的教学必须进行全方位的改革创新，其中最重要的就是创建丰富的教学情境，如小组合作探究学习模式的应用，就能有效引导学生主动对所学知识进行深入思考，同学之间的合作交流也能培养学生的语言表达能力和团队合作能力。

（四）提高生物教师的综合素质

有效提升学生综合素养的前提是教师的综合素质水平的提高，因此学校的管理层和教师本人都要主动采取一切有效的措施来提高自己的综合素养：第一，学校的管理部门要从整体上重新整合生物教学资源，及时进行改进创新，定期对教师进行专业的培训活动，为教师综合能力的提升创造优质的平台和机会；第二，教师之间要定期根据教学内容开展一系列交流讨论活动，互相交流在教学过程中出现的问题及优秀的教学成果；第三，教师要树立继续学习的意识，主动参加相关的学习活动，从而提升自己在知识、教学能力等方面的综合素养。

高中生物高效课堂教学与效率提升

2

第一节　高效课堂及其特征分析

一、高效课堂的维度与注意事项

所谓高效，就是指在比较短的时间内，用比较小的投入，得到尽量大的效率、效益。作为有效教学领域的内容，高效课堂也被称为"理想课堂"，它不同于有效课堂、低效课堂、无效课堂和负效课堂，高效课堂集中体现了一种目标和追求。通常来讲，那些能够取得较高的教学效率或教学效果、能够达到一定目标的课堂就是高效课堂。具体来讲，以有效课堂为基础，对教学任务完成度更高、教学目标达成效率更高，并且发挥了更高的教育教学影响力、取得较高社会效益的课堂即为高效课堂。作为有效课堂的最高境界，高效课堂的基础是高效教学。

课堂教学的高效性是指在教师对传统课堂教学活动的引领和学生对课堂教学活动主动参与的思维过程作用下，在传统课堂教学活动中，单位时间内对教学任务完成效率和完成质量都较高，从而有助于学生高效发展的实现。更进一步来讲，高效发展的内涵就在于态度、情感、价值观与技能、过程、方法、知识"三维目标"的协调发展。就其外延而言，它涵盖了高效的课前准备、教学实施过程、教学评价等。高效课堂教学就是为了提高学生的学习效率，让学生在最短的时间里掌握所学的知识与技能等。

（一）高效课堂的维度

相对于模式化，策略化应当成为课堂教学的重点。对高效课堂的理解，应强调四个维度的内容：

第一，解惑。解答学生在学习过程中的疑惑是教师教学需具备的基本能力，同时也是高效课堂的基础和前提条件。因此，教师要明确一个思想：学生的课前预习就是一个提出疑问的过程。

第二，强化。经过自主学习环节，学生会形成对知识的整体感知，但却无法分辨哪些知识是重难点内容，更无法做到对知识的准确掌握，这就使课堂强化过程显得尤为必要。"强化"过程要坚持针对性和重点性的基本原则，切不可陷入机械性的重复过程，要以对变化思维的凸显为重点；同时，也要关注强化形式的多样性，如重点讲解、课堂练习、合作讨论等。

第三，概括。本质上来讲，概括就是一个简化的过程，它能够使核心得到进一步突出，而核心体现的就是能力。因此，高效课堂的一个最基本要素就是概括。具体来讲，一句话、一幅图、几个主题词等都是概括的方式。

第四，总结。不同于"概括"，总结是知识的层次性、系统性、逻辑性的直接体现。所以，在一个知识单元中经常会使用总结，在每一节课则通常使用"节的概括"。

综上所述，概括与总结过程使教师的高级劳动得到升华，解惑与强化则集中体现了教师的初级劳动，在解惑与强化、概括与总结的过程中，学生也逐渐建立起完整的知识体系，师生在整个教学活动中的良性互动与有效沟通是高效课堂得以实现的重要保障。

（二）高效课堂的注意事项

1. 知情并重、面向全体、关注个体

站在全局立场上来看，课堂教学既要有效地传递教学内容，又要在情感层面促进师生的融洽沟通，这就是所谓的"知情并重"。相对于信息交流，师生在教学过程中的情感交流更为重要。在加深师生互信、优化学生学习情感方面，教学过程应当发挥其重要作用。高效课堂成就的基本条件就在于课堂上知识与情感的和谐统一。

所谓"面向全体"指的是教师在课堂上的教学意识与行为（如教学方式的设计、教学进度与难度、教学重难点、教学内容和教学目标等）要具有强烈的开放性，其教学对象为全体学生，这种全体意识要贯穿于整个教学过程。在教学过程中，教师依据对学生课堂表现的关注和对全体学生学习状态的观察，创设与全体学生个性发展目标相吻合的课堂机会，如表现机会、提问机会、表达机会、思考机会和阅读机会等，通过这种方式，使教师对学生的及时帮助、指导与激励能够服务于学生的课堂学习。相较于面向个体的教学，教师应当将尽可能多的课堂时间投入到对全体学生的教学过程中。

"关注个体"是相对于"面向全体"的一个概念，意思就是说，在保证关注全体大方向不变的情况下，要对教学活动中的独立个体予以高度关注。只有这样，才能准确把握课堂教学的阅读难度、听课与练习难度，从而进行有针对性和有效性的指导与帮助，才能为"感悟课堂、体验课堂和表现课堂"的形成提供契机，才能坚定学生的学习自信心，为学习基础较为薄弱、学习能力较低的学生创造提高成绩的平等机会，使师生之间的信赖得到进一步深化。

2. 目标明确、重点突出、难点突破

明确的目标是一种未来概念，即教师在进行教学设计和开展教学实践时的努力方向，也是教学的最终目标。这里的目标既体现在知识层面上，也体现在情感层面上。为此，需要妥善解决实施过程中的两大问题：第一，情感目标的设定方式和实现方式；第二，知识目标的确定方式和达成途径。"三化"（分层化、书面化、简约化）是教学目标的理想状态，也就是说，教学目标展示的准确性要建立在口头表达的基础之上，并外化为文字；主要目标的实现需集中主要力量进行有力的支持，同时目标必须符合相应的简约化要求，与之相对应的次要目标的实现要充分利用课堂练习环节或其他更简洁的手段来达成；目标的层次化为学生在学习目标的选择上提供了更多的可能性和自主权，与此同时，层次化目标的制定也奠定了分层教学的理论基础，更加有效推动了因材施教和班级授课制的统一性与交互性。

"重点突出"是指集中精力来解决一节课中的1~2个教学重点。

"难点突破"是突破教学过程中的知识难点和学生的学习难点，一方面，它集中体现了课堂教学的价值；另一方面，也有助于学生学习能力和学习效率的双重提高。

3. 先学后教、讲练结合、双重训练

先独立学习、后合作完成，先学生自学、后教师教学，先学生思考、后引导点拨等，都是"先学后教"的呈现方式，这里的"先学后教"特指课堂范围内的先学后教。是采用"先学后教"的方式，还是采用"先教后学"的方式，对教师是否具备教学经验，是非常重要的衡量标准，也是确定一节课高效与否的重要判断标准之一。"先学后教"教学方式在很大程度上体现了对学生学习主体地位的尊重，所以，依托"先学后教"教学模式开展的课堂教学才是民主性的真正体现。无论是开展实验、完成练习、提出疑问、发现问题、改正问题，还是接受教师和学生的帮助、开展课堂阅读活动及自主思考等，学生都有公平和平等化的权利。

"讲练结合"中的练是笔头训练和口头训练的合称，"详尽地讲授与训练、分层次地教授以及使讲授和训练融会贯通"的课堂教学，即所谓的讲练结合。相对于"精讲多练"这种低效的教学方式，教师的最佳选择应为"精讲精练"，同时这也是有效促进师生减负、实现高效课堂的有力举措。一方面，"精讲精练、分段讲授、讲练结合"与"五官转换"相符合，对记忆理解的进一步强化具有重要的促进作用，另一方面在"减负增效"方面会取得显著的成果。

若想真正掌握某一类型问题的解决思路与方法，至少需要经过两次相关问题的训练，这就是"双重训练"。例题及其解题思路与方法要与习题的强化训练相对应，同时在课堂上要有所体现。所以，"练习题"应当成为新课讲解、编写练习、课堂解题训练、记忆训练、思维训练等的呈现形式。只有这样，才能使学生的双重训练得到进一步强化，使课堂教学一次通过率得到提高，才能减少学生接受重复教学所带来的压力。

4. 指令明晰、检评恰当、指导到位

"指令明晰"指的是教师明确、清晰的课堂指令，其结果就是学生能够对单位时间内需要完成的任务，以及任务完成之后将得到教师怎样的检评了如指掌。

"检评恰当"就是教师对课堂活动的检查与评价要恰如其分。高效课堂中，教师认真检查与恰当评价的内容主要涉及教学活动的各个环节、每位学生的个体行为、全班学生的总体表现等。

在课堂上，学生的学习是在教师快速、全员和全面的个体指导与互相指导下进行的，即被简称为"指导到位"。在学生力量的共同作用下，教师可以有效指导学生间的学习互助，同时为更多学生以小组形式（通常一个自然学习小组包括4个人）或个体形式的学习提供近距离、面对面的指导。满足任何一位学生的学习需求，并对其学习过程提供必要的、有效的指导，这是教师课堂责任的直接体现。

5. 参与量广、思维量足、训练量大

在课堂教学活动的参与总人数中，学生群体占据较高的比重，即为"参与量广"，参与度在百分之百左右的课堂即为理想化的课堂。

在教学过程中，能充分调动学生的思维积极性，能充分保障和利用情境刺激参与思维活动的学生的人数与思维质量，能有效锻炼与提升学生的思维逻辑性、思维广阔性和思维敏捷性，即为"思维量足"。为确保这一目标的实现，需要做好各个方面的工作：首先，学生的思维欲望能够通过教师创设的问题情境得到有效激发；其次，教师提出的问题既要为学生提供难易适中的思考价值，又要保障充分的思考空间与时间。

"训练量大"是指充分且有效的训练全体学生在教学教程中的口头表达能力、笔头书写能力、手与脑相协调的能力。确保经过教师的指导，即使是程度不同，学生也在进行积极有效的课堂训练，并且相对原有基础，都能实现个性化的发展。在训练量大目标的实现上，教师对训练内容的精选至关重要；开展形式大多表现为书面练习、实验操作、口头练习等；分层教学策略的应用，能对不同学生不同训练任务的完成发挥重要的指导和引导作用等。总之，训练量大的高效课堂，就是能够充分激发全体学生动口、动笔、动手、动脑积极性的课堂。

二、高效课堂的特征分析

（一）以规范具体的教学目标为导向

对高效课堂教学而言，明确的教学目标具有重要的方向指导作用。明确教学目标指的就是高中生物高效课堂教学要坚持以实现学生的全面发展与进步为目标，不断规范和具体化课堂教学的各个环节。具体的教学目标需要满足四个维度的要求：①行为主体是学生；②要确定可评价、可测量、明确而具体的行为；③行为条件，即对影响学生学习结果产生的特定的限制或范围予以关注；④提供依据供评价参考，注意学生预期达到的最低表现水准。

具体化的课堂教学目标也有两个维度的内容：一是细化的课堂教学目标，即要对认知领域、情感态度领域、动作技能领域等各个方面提出具体的要求；二是针对不同类型的学生制定与之相适应的课堂教学目标，要以不同的内容来要求学生的能力与特长等。

（二）以学生终身发展的教学理念为指导

从教学理念的角度来看，高效课堂教学需要始终围绕"奠定学生终身发展基础、促进学生终身发展目标"的核心来进行。立足学生的未来发展，高中生物高效课堂首要的任务和目标在于激发学生的学习热情，使学生热爱学习；在于使学生掌握正确的学习方法，使学生学会学习。

（三）以多元的学习方式为中介

实现从"教而获知"向"学而获知"的过程转变，需要高效课堂教学对学生的学习方式加以转变，使学生能以一种更积极、主动的状态投入课堂教学中去。实现学生学习方式由被动向主动、由"要我学"向"我要学"的转变，可采取的学习方式主要包括探究学习、自主学习、合作学习等。其中，自主学习的基础是学生自我意识的发展（即能学），是学生明确的学习动机（即想学），是学生对一定学习策略的掌握（即会学），更是学生个人的意志和努力（即坚持学）。由此可知，只有学生内心能够真切地想要学习，才能在任何一种学习方式的选择和应用过程中，以积极认真的学习态度、思维严谨的学习状态努力实现学习目标，进而实现高效课堂教学所追求的最终目标。

（四）以扎实的教学内容为载体

作为学生通过课堂教学实现全面发展的重要载体，扎实的教学内容对高效课堂教学具有重要的作用。但是，教学内容数量的多寡和难易程度并不对高效课堂教学构成决定性作用，而是要基于对学生实际发展水平和特定状态的了解，来合理确定教学内容的重点。除了是基础内容中最主要的内容，高中生物书中的重点内容还承载着对各学科系统知识承上启下的作用。这也就意味着，在课堂教学过程中，教师必须具备较强的重点抓取能力、突出能力和集中力量讲明白问题的能力。在落实教学重点上，教师要突出讲课方式上的"精讲精练"，使学生同时获得基础知识的增长和基本技能的熟练与发展。

（五）以科学的教学组织为保障

对高效课堂教学而言，科学的教学组织发挥着重要的润滑作用。科学的教学组织主要表现在以下几方面：教师在教学和学习活动组织上能做到井然有序；在教学讲授和辅导，以及学生思考和参与的时间上能够做到合理科学；能激发学生的学习兴趣，使其始终对教学内容保持一种专注的学习状态；能对学生的疑惑进行解答；能对教学过程中出现的突发问题做到及时有效的处理；能有效管理课堂秩序，确保课堂教学能够不被打扰、持续进展，从而为教学计划的按部就班执行提供有力保障。

（六）以积极的课堂气氛为依托

作为一种综合的心理状态，课堂氛围是师生多种心理因素（如意志、情绪、思维、注意和知觉等）综合作用的结果和产物。从类型划分角度来说，课堂气氛有积极、消极之分。对学生而言，作为一种无声教育，和谐正面的课堂氛围为学生以较好的学习状态投入学习活动中提供了有力的环境保障。反过来讲，学生积极、主动和富有创造性的学习状态也将为其在公开、透明、和谐、良性课堂氛围中的主动学习、合作学习和探究学习发挥重要的基础作用，同时这也将成为高效课堂教学效果和学生全面发展的重要保障。张弛有度的教学节奏、开放宽松的学习氛围、和谐融洽的师生交往等都是积极课堂气氛的直接体现。

第二节　高效课堂的构建原因与要求

一、高效课堂构建的原因

（一）提升教学模式的效果

第一，学习主动性的培养。在高效课堂上，教师变"主导"为"指导"，在教与学的过程中，把主要活动让给学生。只有真正确立了学生在学习过程中的主体地位，学习的主动性才能尽可能地发挥出来。

第二，合作能力的培养。一般而言，学生凭个人能力不可能完成新课的学习及讲解的任务，以小组为单位，共同预习、集体准备、各有分工、紧密配合，才能达成本组所接受的教学目标。在这个过程中，小组成员的合作意识必然得以明确，合作能力必定得以养成。

第三，组长的组织能力和协调能力的培养。每个学习小组成员，学习基础参差不齐，个性各不相同，能力各有差异，如何来共同完成一个教学目标，组长发挥着关键作用。长期坚持，组长组织与协调能力一定会得到锻炼。

第四，自信心的树立。学习基础好的学生，给全班同学讲课时表现出来的自信非常明显；一些基础差的学生，通过讲台实践，也看到了自己的能力，看到了自己显著的进步，从而逐步树立起了自信心。

第五，集体观念的形成。高效课堂模式需要全组、全班一致努力才能完成的一个新教学目标，这在客观上要求学生务必要有整体意识。而且以小组为单位的教学活动无疑是一种小组整体水平与能力的展示，竞争产生于无形之中，自觉或不自觉地产生了集体荣誉感，形成了集体观念。

（二）有利于提升教学质量

高效课堂的构建有利于全面提升教育教学质量，而提升教学质量，在于调动学生与教师两个方面的积极性。下面，以"自学自教，小组协作"模式与"和谐互助课堂"模式为例进行阐释。

在小组互动教学过程中逐步形成的"自学自教，小组协作"模式与"和谐互助课堂"模式，源于教师本人的教学实践和教改实践，有教师的个性化特色，把学生的主动性参与发挥到最大化，最大限度地调动学生的热情，也使教师在课程的总体把握和具体教学细节的设计上都有一定的高度、深度和广度，很好地适应了当下教育教学的现状与需要。"自学自教，小组协作"模式大面积地调动学生参与到教学过程中来，以小组为单位，预习准备，自我组织、自我设计，课上学生占据讲台，"小助教"把握总体教学程序，轮值小组一人讲解，其他成员各有分工，全体活动，教师在关键处点拨、提示，当下反馈，组内解决，极大地调动了学生的学习热情，培养了学生的学习意识、学习能力，形成一套"推优"的机制，更适应学习基础较好的班级实行。

"和谐互助课堂"模式，在学生大面积参与的前提下，把关注点放在了学习基础较薄弱的学生身上，让这部分学生当堂在小组内讲解所学的新知识点，以便及时反馈，帮助他们基本弄懂弄通，培养了集体主义精神，提高了自信心，形成一整套"助困"机制，更适应学习基础较薄弱的班级实行。总而言之，教师积极参与教学改革，各显其能，共同打造高效课堂模式，其基本特点是使课堂显现出了灵动性和鲜活性。

（三）符合教师专业发展需要

高效课堂教学对教学方法有较高层次的要求，体现着学校办学水平的新高度，是对高中生物教师教学能力进行有效评价的好办法，理应成为每一位教师实现自我价值的基本追求。实施高效课堂教学，需要教师具有过硬的教学基本功和专业知识做支撑，而实施的过程必将会对教师的专业发展起到积极的促进作用，这正好满足了教师专业发展的需要，为教师提供了施展才能、实现抱负的理想平台。

二、高效课堂构建的要求

（一）高效课堂构建对教师的要求

1. 教师课堂教学的常规要求

（1）提高备课效果。教案是教师对教学的规划，课堂教学使用时要便于翻看。所以，教案实用性要强，要规划清楚课堂教学的结构、教学目标、教学重难点，针对重难点还要有解析，设计好教学方法，课堂练习和课后作业布置要清楚。完成教学后，教师应对整个教学过程进行反思，总结自己教学的成效、如何改进教学方法、分析教学过程中目标的完成情况以及弥补的方式等。

（2）制定的教学目标要有效。课堂教学目标要具体清楚，如果有双基目标，要能够实践操作。教学目标应该有一定的标准，不能抽象，要具体、可实施性强。

（3）调节好自己的情绪。教师在上课前要调整好状态，不能带有消极情绪给学生上课，上课时应该充满激情，有活力。

（4）合理使用组织教学。教师的教学方法要体现人文关怀，组织教学时要能集中学生注意力，使学生专注于知识学习。

（5）教学导入效率要高。教学导入的设计应该简洁明了、快速导入主题，而且要让学生感兴趣或者能引发学生的思考。

（6）使用电子教学手段。对于电教手段在教学中的作用，教师要有正确的认识，学会使用电子教学手段，提高教学效果。将电子教学手段的使用落到实处，而不能只是将其作为粉饰课堂的工具。

（7）重视实验教学。实验在教学中具有重要的作用，对每一个实验，教师都应精心设计，让学生在实验中探究学习，激发学生的学习兴趣。

（8）情境创设要有一定的时效性。课堂教学不能没有情境创设，它是学生学习的重要方法。情境创设的目的要明确，而且要有时效性。

（9）教师在向学生传授知识时要做到"三讲三不讲"。"三讲"就是：讲解学生提出的有意义的问题；讲解学生通过学习探究无法解决的问题；讲解学生在学习过程中容易混淆和出错的知识。"三不讲"就是：不讲学生已经知道的知识点；不讲学生通过自学能够掌握的内容；针对一些学生不理解的问题，在学生学习之前不讲。

（10）让学生参与课堂教学，激发他们的积极性。评价课堂教学效果好坏的一个重要标准就是学生是否积极参与了课堂教学过程。所以，教师在课堂教学中，要采取有效的教学方法，引导学生参与课堂学习，激发他们学习的动力，防止其出现消极情绪。

（11）教师的教学要与学生的思维活动一致。在教学过程中，教师要充分认识和了解学生的思维，学生有问题不能解决时要予以指导。

（12）帮助学生养成良好的学习习惯。课堂教学中帮助学生养成良好的学习习惯非常重要，教师应该为此制订好相应的计划。新的学年开始时，学校和教师都应该针对不同学段的学生制定不同的学习习惯养成目标，并坚持实施。

（13）培养学生的情感。课堂教学的一个目标就是情感、态度与价值观。不同的教材中蕴含着不同的情感、态度与价值观，教师应该认真探究，在课堂中有计划地培养学生的情感，对他们进行价值观教育。

（14）课堂教学中重视合作与探究。合作与探究在课堂教学中具有非常重要的作用，教师应该学会在课堂上进行合作探究的方法，认识到合作探究的重要性，丰富合作探究的形式。

（15）提高课堂练习的有效性。课堂练习应该有针对性，分为不同的层次，难度要符合学生的水平。同时，还应该结合学习目标，帮助完成学习目标，检测学生的学习效果，并通过练习及时掌握学生现阶段的学习情况。

（16）课堂评价具有重要的导向作用，应该重点关注。教师对学生的学习应该做出客观的评价，并给予学生相应的奖励，指导学生的学习。

综上所述，高效课堂没有具体的实施模式，但它所制定的目标明确了教学的方向，弥补了传统教学模式的不足。高效课堂在某些方面与传统教学模式有相似之处，但在具体要求方面又是不同的。教师是教学的主导，只有从自身做起，不断提升自身素质，才能提高课堂教学的效果。

2. 教师课堂教学角色的要求

高效课堂一方面要提高课堂效率，另一方面要改革教学形式。教师是教学过程的组织者和主导者，必须适应自身角色的转换。对高中生物教师来说，需要注意以下三点：①教师要转换自身角色，由以往知识的传授者转变成学生学习的推动者，为学生的成长保驾护航；②教师也要不断学习，与学生共同进步，教师应该把上课当成学习的一种方式，不断精进自我；③提高课堂的教学效果需要师生共同努力。

3. 教师课堂教学语言的要求

（1）知识性。课堂上，要让学生感受到教师知识的专业与渊博，认真而力求准确地应对类似的每一个问题，树立教师的自身形象，让学生在课堂上学到课外的东西，以增强对课堂的兴趣。

（2）趣味性。教师要正确使用课堂语言，尽量使用生动、有趣的课堂语言来弥补高中生物教学内容本身的呆板、枯燥，使学生能从原以为无趣的课堂中得到意想不到的享受和乐趣。生物教师更应结合学科特征，利用课堂语言来丰富学生的知识。

（3）激励性。教师在教学过程中，对学生的评价要使用描述性语言，有针对性地激励学生。

（4）凝练性。在课堂上，教师语言要简洁、凝练。

（5）适时性。给学生布置好思考、练习或讨论内容后，教师就不要再随意讲解了，以免打断学生的思路。

4. 教师课堂教学应变的要求

对课堂偶发事件的处理可以体现出教学机制的运用。教师应该学会运用教学机制，巧妙灵活地处理教学过程中的偶发事件，这样可以提高课堂教学的效果。这就要求教师具有丰富的经验和高超的"随机应变"的技能。

（1）针对教学失误处理的机制。课堂教学过程非常复杂，教师再怎么认真也无法避免一些失误。如果出现失误，教师就应学会随机应变，巧妙处理失误。

（2）对学生不恰当行为处理的机制。针对一些学生不恰当的行为，教师应该采取宽容的态度，迅速采取措施解决学生的尴尬处境。

（3）针对教学环境变化的处理机制。教学环境的突然改变指的是由于外界事件的干扰，影响课堂教学环境。当然，这并不是学生导致的，而是由外界环境中某些偶然因素导致的。教师在处理这类事件时，要运用必要的应对机制。

（4）处理学生意外问题的机制。教师在课堂教学、提问和组织学生讨论时会遇到有难度的问题，一时之间无法给出解答。而学生的思维比较活跃，有时会提出一些教师意料之外的问题。这就对教师的知识面提出了更高的要求，还要求教师思维活跃，机智地处理这些问题。

5. 教师课堂教学调控的要求

（1）对学生的调控。对于学生的行为、心理和思想，教师要有深入的了解，及时发现学生学习方面的问题，并采取合适的方法加以调控。给予学生相应的帮助，引导他们解决问题。但这种引导需要隐晦一点，在思想和方法上给予指导，同时也要引导学生树立正确的价值观。教师对学生的引导可以是一种启发或激励。帮助的内容可以更具体一点，如帮助学生反思自我，树立合适的目标；帮助学生设计相应的学习活动，找到合适的学习方法等。

（2）对教学内容的调整。在课堂上，学生的学习情况和教师的预设往往会产生不一致。此时，教师就要及时调整教学内容，或增，或删，或改变教学内容的顺序。总之，优质高效的课堂教学是一个过程，也是一种理念。教师必须立足于学生，采取多种方法，让学生积极参与学习，实现有效的、多向的、高质量的互动，从而达到高效课堂的最终目标。

（二）高效课堂构建对学生的要求

1. 学生学习的常规要求

（1）对学习准备的要求。学生在课间休息时，要准备好下节课要用的学习用品、课本、资料等，并要按照教师的要求提前预习新课。

（2）对情态调动的要求。在正式进入课堂学习之前，要激发学生的学习兴趣，用最短的时间集中学生的注意力，让学生专注于课堂学习。

（3）对学习目标的要求。在课堂学习开始之前，学生要确定自己的学习目标。

（4）对注意力的要求。在课堂学习过程中，学生应该适时调整自己的注意力，专注于课堂学习，认真思考教师提出的每一个问题以及讲过的每一个知识点，学习时用口、用心、用脑、用手。

（5）对学习状态的要求。在课堂学习过程中，学生应该保持思维的活跃，以昂扬向上的状态去面对学习。

（6）对作业和练习的要求。对老师布置的作业和练习，学生应按时并独立完成，不能抄袭或采取随意的态度，如果有问题可以向老师或同学请教。作业和练习中出现的错误要认真订正。

（7）对学习方法的要求。每个学生都应找到适合自己的学习方法，如圈点批注、记忆方法和阅读方法等。

（8）对课后反思的要求。上完每一节课，学生都应做一个总结，反思自己课堂学习中的表现，目标是否已经全部完成，如果有些目标没有达到，则应采取方法进行弥补。

（9）对培养学习品质的要求。学生应该养成多思考、努力钻研、坚持不懈等优良的学习品质。

2. 学生自我学习习惯的要求

（1）养成课前预习的好习惯。课前做好预习，上课时才能明确重难点，把握学习目标。预习不应仅停留在课本上，而应查找相应的资料，积极思考和提出问题。

（2）养成良好的课堂学习习惯。上课过程中要认真听课，思维保持活跃，积极思考并发表自己的看法，提出问题。圈画出书上的重难点内容。集中注意力，跟随教师的思路。

（3）课后巩固习惯。坚持先复习后做题，复习是巩固和消化学习的重要内容的重要环节，对所学的知识进行认真复习。

3. 学生合作学习的要求

各个小组的组长应对本组内每个成员负责，对组员作出公平公正的评价。①组员要听从组长的安排，学习时各司其职，相互合作。②遵守课堂纪律。③小组成员应该积极参与讨论，针对课堂问题进行思考和探究，主动参与课堂展示和交流，与小组成员合作，相互帮助，学会自主学习。④小组成员要按时完成不同学科的学案、作业，及时上交给教师。⑤要让每个小组成员都有实践的机会，使其参与到各项任务中，对一些程度较差的同学要予以帮助和鼓励。在讨论过程中，由成绩最优秀的同学做主持人，让成绩中等的同学做记录，成绩不好的同学负责发言，然后再由其他同学进行补充。如果讨论的题目比较多，组长要分配好任务，让每个成员都能发言。也可以根据学生的特长，分成文科和理科讨论小组。⑥在小组成员自主学习的基础上进行沟通与交流，相互学习，共同进步。①

---

① 项家庆. 高效课堂的理念与实践［M］. 天津：天津教育出版社，2018：140-150.

第三节　高效课堂的教学提升路径

一、转变课堂教学的策略

（一）转变课堂教学策略的内容

1. 教师以学定教

传统的课堂，学生的参与程度较低。要改变这种状况，就要求教师转变自己在教学中的角色，采用符合学生认知规律的教学策略来实施教学。

第一，善于对学生进行激励和认可。在课堂学习中，学生一定会遇到困难，这个时候教师应给予一定的鼓励，鼓励性语言可以让学生更有自信进行独立的思考，更有自信做出自主的判断。教师应允许学生出错，应以一种包容的心态看待学生的错误，学生出现错误之后可以因势利导，肯定学生言辞中合理或正确的部分，然后引导他们寻找正确的事实，纠正言语中不正确的部分。除此之外，教师还应认可学生，相信学生做出的判断，从学生的角度尊重和理解他们。面对学生的独特爱好、专长或兴趣，教师应给予赏识认可，当学生取得一定的进步时，教师应给予表扬。与此同时，对学生提出的质疑，教师也应给予认可，引导学生养成探究和思考的习惯。

第二，灵活运用教学方法。为了完成教学目标，教师应灵活运用各种教学方法，教学方法的选择受到教学内容及学生当前认知水平的影响，且教学方法并不是固定不变的，当教学活动内容、时间或地点发生变化时，教学方法也应灵活变化，以此来解决因为因素变化而产生的教学矛盾。教学方法最主要的目的是促进学生发展，教学方法应该始终为学生的发展提供助力，为教学效果的提升提供支持。高中生物教师可以借助现代化的信息技术，使用多媒体或其他辅助性工具进行教学，从而更好地完成生物教学目标。

2. 学生自主学习

第一，兴趣高昂，不断探索。兴趣是学习最好的引导者，高中生物教师要想更好地促进学生学习，激发学生学习的兴趣，就应为学生创设良好的教学情境，为学生提供有趣且丰富的实验活动，激发学生的好奇心，让学生为了探索答案而积极地参与到各项学习活动中去。

第二，积极合作，取得共同进步。学生和学生之间的交流对话对教学活动的开展有非常强烈的推动作用，一个人的力量是有限的，可能没有办法完成某些任务。但是，合作则不同，合作探索过程中，学生的分工协作可将每个学生的优势充分地发挥出来，更有利于任务的完成，而且合作要求学生在表达自己的观点的同时，倾听他人的想法，在这种思想交流的过程中，学生可以获得更为显著的进步。

第三，注重过程，在体验当中掌握学习方法。在生物课堂当中，教师应引导学生自主解决问题，自主开展生物探究活动，学生在这种自主性的知识获得过程中，可以更好地掌握问题的解决办法，养成更好的自主学习的习惯。

第四，敢于质疑权威。学生学习时，需要和教师进行对话交流，需要和教材进行对话交流。但是，教材和教师无法代替学生进行学习，学习过程主要依赖的还是学生的主体性。这种情况下，教师应该鼓励学生敢于质疑，让学生进行积极的思考，对问题进行思考和验证更有利于学生水平的提升。

3. 教学内容适当拓展

教师应使用多种多样的方式将学习内容呈现给学生，这样学生产生的多元化需求才能得到更好的满足。想要实现有效学习，除了进行单纯的记忆及模仿外，还要进行实际操作和小组讨论。学习多元化的学习内容呈现方式可以为教学提供更多的活力，课堂教学主要依赖的是教材，教材是教和学之间的桥梁，新课改指出教师应对教材中的资源进行科学的开发。除此之外，教师也可以根据学生实际的学习需求，为学生拓展更多的学习资源。也就是说，学生不仅可以从教材中获取知识，还可以从其他的内容中丰富自己的知识储备。

4. 教学环境服务于教学活动

教学环境主要包括两个方面：一个是人际环境，也就是师生之间、生生之间的关系创设出的情境；另一个是物质环境，也就是教室的布置为教学提供的外在环境。

生物教师应该为学生创设自由融洽的教学氛围，应该和学生以平等的身份进行交流，且生物教师要以饱满的状态进行教学，要通过饱满的精神状态带动学生学习，要允许学生出错，对出错的学生要进行积极地引导，纠正错误、不训斥，教师应为学生提供表达意见的渠道，让学生可以畅所欲言。学生和教师之间的交流是相互倾诉、相互认可、相互欣赏的，师生之间应建立信任关系。学生和学生之间也应形成一种平等的、自由的交流关系，通过交流与合作实现双方的共同进步。

总而言之，当今教育的开展实行的是素质教育，追求的是课堂质量的优质，除了教师的教学方法及学生的学习方法外，还非常注重资源的合理应用、环境的科学创设。只有综合做到了这几方面的要求，才能更好地实现素质教育要求的教学目标，才能全面地提升学生的素质水平。

（二）转变课堂教学策略的措施

1. 转变"备"的策略

在正常的班级授课中，要想实现新课程改革提出的教学目标，高中生物教师就必须做好充分的课前准备工作，要对课堂中出现的种种因素及不同要素之间的关联作用有充分的了解。教师备课要做好以下方面的工作：

第一，"备学生"。首先，作为一名生物教师，应该了解班级内学生当前的认知结构水平，明确学生的最近发展区范围。其次，要对课堂中的教学效果进行预设，课堂结束之后，知识是否能被学生真正掌握、是否能够实现本节课的教学目标、是否有助于学生主动学习习惯的养成、是否传授给学生解决相关问题的能力方法、是否注重了学生的情感变化、价值观变化等，这些都是教师需要考虑的因素。之所以要充分关注学生，就是因为学生直接影响了教学效率和教学目标的实现。

第二，"备教材"。首先，必须对教材进行整体的分析，从教材整体的编排角度系统地进行生物知识的备课。只有这样，才能更好地驾驭教材，更好地提取教材中的重点内容。其次，必须熟练掌握教材当中的内容，即使脱离教材，也可以进行教材内容的授课。只有做到了充分了解，才不至于出现低效教学的状况。充分做好教材的准备工作，有利于学生更好地掌握知识与技能。

第三，"备媒介"。媒介可以辅助课堂教学活动的开展，媒介可以更好地激发学生的学习兴趣，让教学活动以更好的节奏开展，而且媒介的存在可以让学生对教材内容的理解更直观，也为学生的学习提供更多的方法，有助于学生形成更高级的审美情趣。具体来讲，教学媒介主要有四类：①非投影视觉辅助媒介，如黑板、教学器械、教学模型等；②投影视觉辅助媒介，如电脑、投影仪以及其他多媒体设备；③听觉辅助媒介，如录音机、音频播放器等；④视觉辅助媒介，如视频、电影等。

第四，"备方法"。教学方法对教学效果的影响较大，所以生物教师在备课的时候，必须用心地设计教学方法，这可以让教学有序开展，可以激发学生的学习积极性和潜力，让教学获得更高的效率。如果是学习生物理论性知识，那么应为学生呈现理论知识的构建过程，逐层为学生分析理论，让学生对理论形成全面认知。除此之外，也可以通过任务的设置为学生提供自主探索的驱动力，让学生自主进行知识分析，自主解决问题。

教师选择要使用的教学方法时，应该考虑两个问题。首先，应该根据教学目的或教学任务选择要使用的教学方法，教学方法的运用必须保证教学目的的实现。举例来说，在向学生传授新的生物知识的时候，可以选择谈话法、讲授法或讨论法，如果是为了让学生掌握生物学习技巧，那么可以使用练习法或者实验法。其次，需要根据教学内容的特性来选择具体的教学方法，教学内容性质不同、特点不同时，选择的方法也是不同的，教学方法要适合本节课教学重点内容的讲解。举例来说，如果知识是偏重于理论性的，那么可以更多地使用讲授法；如果注重探索知识的形成过程，那么应侧重使用实验法或演示法。所有的教学方法都是经过大量的教学实践才形成的，每种教学方法都有自己的优势，服务的教育内容或教育服务基本是固定的，也正是因为这一特性，所以教学方法也存在一定的局限性，它可能仅适用于某一部分知识的讲解。举例来说，讲授法可以在最短的时间内将信息最快地传递出去，它可以培养学生的抽象思维，但是，如果只依赖这一种方法，那么就不利于对学生直观记忆能力的培养，也没有办法让学生掌握更多的技能技巧。也就是说，每种教学方法都有自己的优势和不足，所以教师需要按照教学思想的引导，选择合适的教学方法，针对教材中的内容变换运用多种教学方法，充分发挥教学方法的优势，从而更好地为生物课堂服务。

第五，"备习题"。生物教学过程中一定会进行习题的练习，生物习题的设计也是教学设计中非常重要的一部分，它可以反馈学生的知识掌握情况，让学生更好地巩固知识。在进行生物课程备课的时候，教师应该注意习题的设置，不要重复，不要过于单调，应突出题目之间的层次，将题目练习的重难点突出出来。所有的习题都应为教学目标服务，都应和教学内容有关，习题的数量及难度应适中，且习题类型应变化多样，习题最好还要有一定的趣味性，这样可以激发学生的学习欲望。举例来说，生物课堂练习一般情况下会使用分层练习的方式，习题当中既包括基础知识，也包括比较有难度的练习知识。生物家庭作业中的习题设计主要侧重于习题的开放性，鼓励学生在和家长探讨交流的过程当中完成习题的练习。

第六，"备情绪"。情绪主要分成积极情绪和消极情绪两种，积极情绪可以提高人的活力，消极情绪会抑制人的活力。对备课来讲，情绪因素是一个重要的影响因素。教师主要是为了学生学习服务，所以，教师要在和学生的接触过程中，了解学生存在哪些情绪波动，以及可以使用哪些方法调整学生的情绪。对教师来讲，应该积极调整学生的情绪，让其处于积极情绪中，这样学生的学习动力才能被充分地激发出来，学生才能保持高涨的学习状态。教师需要为学生创设自由和谐的教学情境，这样有利于教学效率的提升，而且教学内容不同、教学对象不同的时候，教学情境的创设也要体现出差别。合适的教学情境可以最大限度地激发学生的兴趣，让学习变成真正快乐的事情。

创设问题情境指的是为学生创设一个可以激发其思考、诱发其进行深入探究的问题情境，问题需要和教学目的有关，需要符合学生当前的认知结构水平。创设的问题情境有多种类型，如比较性问题情境、思维性问题情境、过程性问题情境、经验性问题情境及兴趣性问题情境等，问题情境的创设主要在于合适、有趣、灵活、巧妙。除此之外，问题情境的创设还应有一个层次的变化，只有按一定层次来进行，学生的兴趣才能随着问题情境的变化被逐渐激发出来，才能让学生进行更深入的思考。当学生的思维处于高度兴奋状态时，他们会变得更加主动、开放，会更加积极地投入到交流创造中，有利于课堂教学获得更好的教学结果。在教师创设的问题情境中，学生的多个感官会被充分地调动，学生的学习热情会更强烈。教师创设问题情境时，可以借助多媒体设备、现代技术，设计出符合生物学科特点、符合教学内容的教学情境。

第七，"备自己"。指的是教师应该在备课的过程中进行自我反思，必须充分地认识自己，根据自己的教学特色、教学风格进行课程设计，在反思的过程中，教师自身的潜能才可以被更好地激发出来，教师可以在课堂中充分展现自己的潜能，最大限度地避免错误的出现。通过反思，教师也可以以最佳的形象展开生物教学，为学生提供更优质的教学氛围，获得更好的教学质量。教师应充分借鉴他人的优秀研究成果或优秀教学经验，吸取适合自己的、有助于自己教学风格变得更加成熟的研究经验或研究成果。教师在致力于养成自身教学风格的同时，还应该注意这样的教学风格是否有效。教师在反思自己认识自己的过程中，可以尽最大可能采取一切补救措施，弥补自己的不足，应该充分利用自己的优势，克服教学中的不足。

第八，"备反思"。指的是教师应结合教学时的情况来反思自我，这是在上课结束之后教师需要进行的反思。教师需要回顾课程中学生的表现及本节课教学目标的实现程度，分析教学成功的原因及教学失败的原因，并且吸取经验和教训，为后续课程的备课提供借鉴。教师除了进行自我检查与反思之外，还可以和其他教师进行交流，分享各自的教学经验及教学中遇到的各种问题，总结教学的共同规律，作为日后教学的借鉴。除此之外，教师还可以借助检查学生的作业来寻找教学具有的普遍性问题，可以根据学生的作业有针对性地解决问题，并且在以后的课堂当中尽量避免这些错误问题的出现。此外，教师可以充分利用学生座谈会了解自己教学中存在的不足。在座谈会举办的过程中，教师可以让学生提出教学意见，座谈会的举办非常重要的一点就是教师要始终保持谦虚的心态。教师的虚心请教不仅不会降低教师的威信，反而会在学生心中树立一个谦逊的形象，更有利于师生良好关系的构建。通过座谈会，教师还可以了解学生的真实想法，有助于后续教学质量的提升。教师应在综合分析之后，针对教学中存在的不足制定整体改进方案，不断地改善教学效果。

2. 转变"教"的策略

教育心理学表明，对学习造成重要影响的学生自身因素，是原有的认知结构、学习动机、个体心理发展水平和智商水平。由于目前学校教学一般是按照年龄分班的班级教学，学生的心理发展水平大体相同，所以，在这样的条件下，要实现高中生物课堂教学的高效率、高效果，需要进行如下几个方面的思考：

（1）激发学生学习动机的策略。

第一，讲述道理，勤于鼓励。讲述道理是指教师要把自己的教学意图、想法及时充分地展示给学生，把学生行为的利弊讲清楚，全班学生在思想上统一认识、统一步调，使学生能主动积极合拍地参与教学，取得较好的教学效果。教师在讲道理时还应及时讲出所学知识的意思，让学生感兴趣，鼓励学生积极参与教学，在教学过程中要尽量少指责、少批评，多肯定、多赞许，尽量用生活化语言，因人而异地对学生进行积极有效的教育，一般包括激发学生的自信心、自尊心、上进心、好胜心，以及获取成功的方法。

第二，设置榜样，给予方法。教学中要适时地给学生设置学习的榜样，要明确而具体，可以选择身边同学中的优秀分子或进步明显的同学，同时还要告诉学生达到目标的方法，如教学中让学习成绩有明显提升的同学总结自己的成功方法，在课堂上与同学一起交流。这样做可以让学生找到成功感和幸福感，自信心倍增，从而对多数学生起到唤醒和激发的作用，他们也会尝试好的学习方法。

第三，适时变化，新颖别致。在教材内容不断向学生呈现、展开的过程中，教师可以适时变化呈现的形式，使学生有新颖别致之感，吸引学生的无意注意，能有效地激发学生的学习动机。如教学中语言的幽默动听、语调的高低起伏、字体的大小变化、多媒体媒介的应用等。

第四，适当竞赛，合理考试。竞赛是激发学生学习积极性的一种有效手段，因为在竞赛过程中，学生的好胜心和求成的需要会更加强烈。学习兴趣和克服困难的毅力会增强，所以多数学生在竞赛情况下学习的效率会有很大的提高。另外，合理的测验和分数能有效地激发学生学习的动机。

（2）按学生思维展开教学策略。

第一，厘清学生的认知结构。要想进行有意义的学习，就需要学生具有一定的学习基础，所有的有意义学习都是建立在学生原来认知结构的基础上的，新知识在和学生原有认知结构当中的知识建立非人为性的关系或实质性的联系之后，学生就完成了有意义的学习。因此，要想实现学生的有意义的学习，教师必须了解学生原有的认知结构。

第二，预先设置先行组织者。在弄清楚学生原来的知识结构之后，应该为学生预先设置引导性材料，通过引导性材料搭建新知识和原有知识之间的桥梁，引导性材料需要有较高的概括性，可以充分地将新知识和原有的知识联合起来。通过引导性材料，学生可以更好地进行新知识的学习。这些引导性材料就是组织者，而且因为要在真正意义学习开始之前为学生提供引导性材料，所以它也可以叫作"先行组织者",它的实际作用是为新课的导入做准备。

第三,教材的组织及教材的呈现。所有的学科包含的概念都是有层次的,都有一定的概念结构,处于概念结构顶端的是包容性非常强的、抽象程度非常高的概念,处于结构当中下层的是一些具体性概念。生物教学在进行知识概念的传授应该使不同层级知识的传授顺序和学生认知结构当中对知识的组织顺序保持一致。具体来讲,教材的组织及教材的呈现应该遵循以下两个策略:

首先,不断分化策略。指的是教师在组织知识的时候应让知识的组织顺序和人们对知识的认知顺序一致,从上到下地对知识进行组织建构。通俗地说,就是让知识的学习是循序渐进的,因为知识层次符合学生的认知顺序,所以,知识的学习就类似于学生的自学或学生的自主探索。

其次,综合贯通策略。指的是在水平方向上让生物教材当中的生物概念、生物原理或者是不同章节之间的生物知识产生更强的关联,避免知识的无序、混乱,通过水平方向的知识联系,学生可以实现知识的融会贯通、举一反三。该策略要求教师应该对学生进行不同知识的区分、不同知识之间关联的建构,指出知识存在哪些相同之处,哪些不同之处,以此来为学生构建一个完整的生物知识体系。学生在自主学习、自主探索的过程中一定会遇到一些难以解决的困难,而且学生会面临一些共性问题,会遇到共性的困难,所以需要教师进行一定的讲解和帮助。

第四,利用媒介让学生的思维发展更加深入。媒介的科学使用可以让课堂教学涉及更多的知识,也可以避免课堂的枯燥无聊。从本质上来看,媒介的使用为教学提供了更大的思维空间,学生可以更深刻地认识知识的本质特点,这种深刻的认知无疑促进了学生思维能力的发展。

第五,激励学生,让学生养成创造性思维。如果大学生思维能力的培养是衡量教学是否高效的标准,那么高效课堂必然会把学生创造性思维的培养当作是教学的主要目的,必然会对学生进行创造性思维的培养。在高效的课堂中,创造性思维的表现形式主要有两种:广义的创造性思维,学生对所有生物学习资料进行的深入思考都可以被看成是创造性思维;狭义的创造性思维,在课堂教学当中,教师会因为平等地看待学生、为学生创造了自由和谐的氛围、为学生思维的发展提供了更好的教学环境而获得强烈的教学幸福感、教学成就感,在教师的细心观察下,学生的创造性有了明显的提升,创造出了更多崭新的作品，这时的教学境界就达到了最佳状态。这种教学境界，有助于学生创造性思维的发展，也就是对学生的思维能力进行了良好的培养。

总而言之，根据学生的思维进行生物教学活动的开展，本质上是把学生的思维能力培养当作生物课堂教学的主线，让生物课堂教学始终都注重学生思维能力的养成。根据学生的思维进行教学，可以保证学生充分地理解生物知识，充分掌握生物技能。在这样的教学策略下，学生的思维能力必然得到更好的发展，学生便会对生物产生更浓厚的兴趣，这对于教学效果的提升有直接的促进作用。

3. 转变"学"的策略

第一，引导学生进行主动的学习探索。这是如今高效课堂教学的主要发展方向之一。教师不再注重讲得多，而是注重进行更多的探索和尝试，引导学生进行自主学习。学生的自主学习需要以教师为指导，需要教师进行引导训练，主要遵循自读、教读、复读的思路。

第二，从系统的角度出发对教材进行重组。系统的高度要求研究的开展应始终从整体的角度出发，应把世界中存在的各种要素综合看成一个整体，然后进行整体和部分要素及不同的部分要素之间存在关系的研究，不同的要素之间通过相互作用、相互制约来维持整体结构的运转。举例来说，通过教材改革以及教法改革的结合重新地整合教材内容，并且根据知识类别的不同进行分类，把教学分成不同的模块。

第三，教师应该对学生的练习进行及时反馈。心理学研究指出，如果学生可以及时地获得自己练习结果的反馈，那么学生受到的激励作用会更明显。反馈可以让学生未来的学习体现出更高的积极性、主动性，学生在及时地掌握自己的进度、自己的学习状况之后，会产生一种改进当前状况的美好愿望，而且反馈结果及时地展现了学生学习过程中的不足。在学生积极的上进心的影响下，他们会及时改正错误，这样整个教学的效率就会有明显的提升。在高效生物课堂教学过程中，生物教师可以尝试这种教学策略，教师甚至可以当堂进行练习结果的批改和反馈，也可以当堂进行测试，测试学生对知识是否吸收消化、学生的思维是否得到了拓展，并且当堂给予学生结果反馈。教师要做学生积极学习的指导者、推动者。

第四，在适当的时机传授给学生学习方法。高效率的课堂需要学生提前进行预习，需要学生进行自主的探究和学习。但是，学生在进行自主学习时，学习方法本身是否科学将会极大地影响学生的学习效果。只有学生运用科学的自学方法进行学习，才能形成良好的自学习惯，生物课堂才能是高效率的，而且良好自学习惯的养成有助于学生的终身学习、终身发展。除此之外，良好的学习方法对学生当下的学习情况也会有一定的正向促进作用，同样会促进课堂教学效率的提升。

第五，自主学习之后，应该适当地使用元认知。学生作为学习主体，对认知活动产生的认知也就是元认知，主要涉及自我能力认知、活动过程认知等。涉及的策略主要有：元认知计划策略、监视策略以及调节策略。

4. 转变"思"的策略

思是指元认知，指个体对自己的认知过程和结果的意识。人的思维活动中常有一些感受和潜在的想法，思维者自己也捉摸不定，反省认知能使这类思维延伸、加深、拓宽、明确。"思"的策略具体包括以下三个方面：

（1）教师在课堂结束时，应该对自己的课堂教学是否达到了高效有基本的判断，思考哪些做法导致了课堂气氛的愉悦、学生的思维能力得到充分的培养、课堂教学效果达到了高效，哪些做法导致了课堂教学的低效或无效，加以总结会很好地完善和发展教的策略。

（2）对学生在高效课堂教学中的创新性成果应加以提炼，成文发表。也应与优秀教师进行比对，反省自身教学有待提高的地方。

（3）把以上反思的结果应用到下一节的常态课堂教学的备课之中去。

综上所述，高效课堂教学表现为学生思维活跃、节奏紧密，从而能促进思维能力的长足发展。备、教、学、思的策略是相辅相成的一个整体。不过，四种策略的核心是学的策略，如果课前的备和课后的思是为课堂教学中教和学服务的话，课堂教学中教也是为学服务的，因为学是主体进行尝试、探索、自学，教是主导，起到疏引、组织的作用，所以落脚点还是学。

二、优化课堂教学的方法

高效课堂应遵循五个教学原则：①分层原则，分层目标、分层学习、分层达标、分层训练；②选择性原则，体现出学习的自主性、选择性、创造性；③整体教学原则，整合教材、知识迁移；④展示教学原则，展示解决了学习内驱力的问题，展示就是发表；⑤反馈调节原则，要注重问题暴露。

此处以高中生物实验课为例，阐述如何高效地上课。生物学是一门以实验为基础的自然学科，实验是生物学的重要组成部分和最有效的教学形式之一。在当前的教学实践中，生物学教学多注重教师讲授，实验仅作为教师讲授的辅助活动，而非学生学习的主要途径。高中生物学实验教学需要进行不断的优化，努力打造高效率、高收获的生物教学课堂。如何打造高效生物课堂，具体方法如下：

（一）开发教材实验资源

生物实验教学可以适当进行教学预设，将教材中比较有亮点的部分挑选出来，精心进行设计，激发学生的学习兴趣、学习热情。

1. 教学内容问题化，提供探究氛围

探究性的教学内容可以适当地转化成教学问题，教师可以利用问题情境的创设引导学生解读教师提供的背景资料，并对资料进行简单的概括和提炼。教师应鼓励学生从材料中提出问题，通过自我提问、生生之间相互提问及师生之间相互提问的方式，激发学生的思维，让学生运用思考的方式发表自己的独特见解。通过问题提问的方式训练学生的分析能力、概括能力、知识组合能力，让学生形成这些方面的思维。经过这样的训练，学生在接下来的学习中可以提出更有深度的问题或更有价值的问题。

例如，在高中生物"影响酶活性的条件"实验中，学生通过思考提出问题：①能用过氧化氢酶探究温度对酶活性的影响；②高温和低温对酶活性的影响是否一样，高温会不会使酶失活；③多高的温度会使酶失活，如何确定这个温度；④酶活性的最适温度是怎样的。由此可以看出，学生对温度影响酶活性的探究并不是"浅尝辄止"，而是"渐入佳境"，提出的问题探究价值也越来越高。实验内容问题化，往往能给学生带来探究的气氛。

2. 选择教学探究点，创设探究过程

教师可以对生物实验过程中可能出现的异常实验现象进行预设，找出一些可以进行深入探究的实验点。这种方式可以更好地激起学生的共鸣，让学生产生继续探索的欲望，这些教学探究点非常有助于学生对生物知识进行更深一步的理解。

（二）增加学生动手机会

在生物学教学中，亟须进行改革的是分组实验教学方法，教学方法应该进行创新，加强创新、探究、学生自主创造在学生分组实验当中所占的比重，突出创新和创造的重要作用。

1. 对学生规范管理和要求

教师应该在学生进入实验室之前进行编号工作、分组工作，将学生在实验室当中的位置固定下来，固定位置方便实验仪器的管理、实验药品的管理，一旦出现问题可以及时追责。而且，应该选出负责任的小组组长，由组长负责药品的取用和检查，小组组长应该在每次实验结束之后向老师反馈仪器的使用情况、药品的使用情况，以便教师为下次实验的开展准备充足的仪器和药品。每次实验结束之后，应该做好实验室的清洁工作。除此之外，教师还应该和学生反复强调药品的使用，适量即可，避免资源的浪费，实验过程中产生的有害液体、有毒物品都应该正确处理，不可随意丢弃。

2. 培养学生正确的实验操作能力

要想使生物实验取得良好的教学效果，就必须让学生掌握正确的操作技巧。教师应先从理论上讲述操作方法错误带来的危害，然后应为学生进行正确的演示，这要求教师的实验技能必须熟练，学生会把教师的操作当作是标准的实验操作，所以教师必须严谨、科学地进行实验操作。教师做完演示后，可以让学生亲自进行实验操作。如果实验比较简单，那么教师应该完全放手，让学生自己进行，为学生提供更多锻炼操作技能的机会。

3. 安排学生提前做好实验前的准备

生物实验课必须要求学生进行课前预习，如果没有充分的预习，那么在实验过程中，学生就会处于茫然状态，完全不知道药品和器材的用处，这样的实验没有任何效果。在实验开始之前，教师应让每一个小组提交一份实验方案，实验方案的提交可以保证学生进行了充分的预习，这样在开展实验探究的时候可以取得更好的效果。在学生真正开展实验工作之前，教师也可以适当地提出一些问题，通过问题的提出，提醒学生实验过程中应该注意哪些方面。

4. 加强对学生分组实验的监控

教师必须对实验过程进行监督和指导，在主导学生分组实验的时候，必须要求学生进行充分的讨论，然后再进行实际操作。这样可以避免实际操作过程中出现过多的错误，也可以保证实验稳定有序地进行，更有助于实验目标的达成。

5. 引导学生进行总结

在实验结束之后，教师应组织学生对实验过程进行总结与反思，并且完成实验报告，通过总结和反思，学生可以及时交流自己的实验经验，总结和吸取实验教训，教师可以通过自己的观察，对学生的实验过程作出评价，有助于学生养成更好的实验习惯。

（三）助力学生主动学习

过去的生物实验教学，学生获得的实验机会仅限于课堂之上，在课程结束之后，学校的实验室是处于封闭状态的，这导致学生没有办法进行自主实验。为了落实国家对因材施教提出的相关要求，学校可以开放生物实验室，为学生提供更多的动手机会，培养学生自主实验的能力。学生可以在实验中验证自己的问题和猜想，并尝试解决问题，学生对实验的自主探索和操作将极大地提高学生的学习效果。

三、提升教师教学的能力

（一）提升教师教学能力的方法

新课改背景下，课程内容更有利于学生自主进行观察、实验、猜想、验证、推理与交流等活动的开展，学生的这种学习活动应是生动活泼的、主动的和富有个性的过程。教师应激发学生的学习积极性，使学生乐意将更多的精力投入到现实的、探索性的学习活动中。教师应向学生提供充分从事学习活动的机会，对学生的评价、目标和方法都应多元化。在实施新课程的过程中，教师教学技能的提升应着力体现对教学困惑的应对与突破。

1. 提高学生的学习兴趣

教师可以通过过程教学为学生展示知识的形成过程、物质的形成原理，通过展示提高学生的兴趣，让学生积极地参与教学活动。首先，重视教材中提供的阅读材料及课前的学习引导资料。在教学时，教师应为学生创设自主思考的机会。其次，教师应为学生提供畅所欲言的机会，不应将自己的想法强行地灌输给学生，要注意生物课堂应充分体现自主学习、自主探究的思想。在这样的探究教学过程中，学生的探究能力会有明显的提升，能更好地分析问题、解决问题。

2. 对学生进行公正有效的评价

公正有效的评价主要涉及两个方面。首先，教师不能仅通过学生的成绩去判定学生的评价结果，还要关注学生的学习态度及其他方面的综合素质。要引导学生进行自我评价，让学生充分意识到自己的优点，要对学生学习过程中的进步给予积极的肯定和认可。对学生的不足，教师应引导其积极地改正，为每一个学生提供表达意见和展示作品的机会。其次，教师在进行评语撰写时，应使用表扬性的话语。表扬性的话语将会对学生接下来的学习产生更强的激励作用，有助于学生更积极地参与生物学习。

3. 利用多媒体教学方式

教师要让学生对学习充满兴趣、对教师充满期盼心理。教师要善于激发学生的学习兴趣和求知欲，要用先进的教学手段吸引学生的注意力，用丰富的教学资源坚定学生的自信心、用生动的教学语言鼓舞学生的士气。例如，利用多媒体教学，让学生观看教学录像；利用地方资源，丰富教学内容。让学生走进生活，亲自实践。

4. 处理好新课程教学中的矛盾

教师要处理好新课程教学中的各种矛盾。教师在新课程教学中要突破面临的诸多困境，及时处理好由于课程改革而引发的各种矛盾，变不利因素为有利因素，以矛盾的转化与利用来促进课程改革和教学变革。①处理好接受式学习与探究式学习的矛盾。有些内容适宜用"接受式"讲学，有些内容又适宜用"探究式"讲学，接受式不能一盘否定，探究式也不能走向极端。②处理好个体学习与集体学习的矛盾。让学生独立探究后再进行交流，但展示时费时较多，若小组探究，也许有的学生的思维会被小组定位，体现不出每个学生的独立性，教师在教学中既要照顾学生个体，又要面向全体学生，使优、中、差生都有较大收获。③处理好教学形式与教学目标的矛盾。课改强调让学生自主探索与合作交流，掌握课程知识技能和方法，但往往探究、交流会占用很多时间，最终导致无法完成教学任务，教师对教学形式的适当选用、探究的放与收要把握好。④处理好教学内容与教学方式的矛盾。课改要求用变化多样、切实有效的方法进行教学，但有时教学内容决定了不能用课改中提倡的教学手段或形式，因此应找到传统方法与课改方法的切合点，新老教法双重并举方为上策。

5.尽快实现课改要求的教学

课改教学明确指出，教师应继承传统教学中的优秀方法，同时，也要改革不适合当下教学需求的方法。因此，高中生物教师应端正思想，正确地看待课改理念，尽快实现课改要求的教学。

第一，教师要想创作出优秀的课程方案，就必须参与课程方案的制作，并且付出努力。新课程指出，教师应积极参与课程改革，而不是作为课程方案的单纯执行者，教师应成为课程改革的参与者、实施者。

第二，教师应更新自己的教学理念，让理念和新课程更加适应。理念的改革是生物课程改革的第一步，只有理念和意识改革了，教师的行为才会有所改变，才能具体地落实改革目标、改革方案、改革措施。理念的改革需要依赖于教师的自觉性，教师必须更新自己的教学观念。教师可以使用的教学观念更新途径是非常多的，如教师培训，这有助于教师更好地认识新课程，更熟练地掌握新课程使用的理念和方法。通过培训，教师可以迅速地成长，迅速建立新的教学观念。

6.掌握教学评价的适当运用

课改中非常重要的部分就是教学评价改革，但当前的改革进度比较落后，急需设计出符合课改要求的评价机制和标准。在标准的构建方面，教师应大胆地创新，形成一体化的课改评价标准和评价体系，通过发挥体系的作用，推动教学评价的改革。

第一，把握评价标准最重要的一点是找到正确的切入点。之前使用的教学评价标准和机制已经不适合课改后的生物教学，但是，课改后的教学又没有形成完善的标准和机制。在这样的情况下，让教师进行教学评价是比较困难的。所以，教师应尽快找到构建课改教学评价标准的切入点。

第二，加快建设符合新课程要求的评价机制。机制的建设是课程改革的重点，也是关键点。进行课程改革需要教育部门重新建设一个新的教学制度，制度的变更也意味着学校要重新制定规则，重新进行教育资源的分配和整合。但是，所有的重组重建工作中最关键的还是评价机制的重组和重建。

第三，评价机制可以正向激励教师的行为。从本质的角度来讲，教师的行为受到外部因素的激励，并且以外部因素的激励为主。所以，应尽快构建评价机制，评价机制的存在可以保证教师的行为导向始终是正确的，也可以更好地激励教师的行为。

第四，教师教学应和新的教学评价体系相吻合。教师应充分了解课改，如果之前的教学方法符合课改要求，教师可以继续在教学中使用这种方法，如果不符合客观要求，那么教师则应进行改变创新。如教师可以尝试创新教学方法，创新教学情境的构建、创新教学评价，教师应始终让自己的教学和教学评价体系的要求相吻合。教师可利用自我评估和反思的方式来判断教学是否符合新的评价体系的要求，一般来说，教师应始终保持学习的心态，不断提高自己的教学水平，不断研究自己的教学方法、教学理念，要让自己尽快适应课程改革提出的新要求。

（二）提升教师教学能力的建议

第一，教师要清楚地记住所有学生的姓名。如果教师可以直称学生的姓名，那么教学将会取得更好的效果。教师可以按照座位将名字登记在表格中，通过不断熟悉，可以更好地记住学生的名字。教师在称呼学生的名字时，学生能够感觉到教师的重视和尊重，师生之间更容易建立信任关系，有了信任关系的师生课堂，教学效果会更好。

第二，教师应该充满自信。教师的自信来自充分的备课，来自周密的设计。教师只有做好备课工作，在上课的时候才会胸有成竹，才能游刃有余地面对课堂中出现的各种问题。

第三，教师应提前进入教室，提前进入教室有助于教师调整自己的状态，也有助于让学生更好地进入学习状态，让学生以更稳定的情绪开启新一节内容的学习，而且教师的提前进入有助于师生之间感情的联络，有助于建立更加亲密的师生关系。

第四，巧妙地利用课前3分钟。在课间短暂的休息之后，教师应尽快让学生恢复到之前的学习状态，这种状态的回归需要教师有较好的控场能力。如果教师可以将上课前的3分钟充分地利用起来，抛出一些引导问题或思考问题，激发学生的兴趣，那么教学效果将会更好，学生也会认为学习是为了满足自我解答问题的需要，这样学习也会变成自主学习。

第五，第一印象是至关重要的。教师在第一次接触学生的时候，应主动和学生拉近距离，让学生对这门学科产生浓厚的兴趣。兴趣浓厚之后，教学的开展将会更加顺利。

第六，教师应该精神饱满、充满激情地授课。教师富有激情、精神饱满也能带动学生对知识的探索热情，让学生在活动中表现出更多的激情。

第七，教师应真诚待人。教师只有做到了坦诚、坦率，始终真诚地对待学生，才能真正获得学生的尊重，才能真正获得学生的认可。

第八，教师应给学生预留一定的自由空间。每一个学生都存在差异，学生的爱好兴趣也不同，教师需要为学生的个性发展提供自由空间。

第九，课堂要形成课堂规矩。教师应设置积极的、正向的课堂规则，学生应达成一致的教学目标，有了课堂规则的约束，学生也会养成更好的课堂学习习惯，更好地约束自己的课堂行为。在积极的、正向的课堂氛围中，学生也会有更强烈的进取心，会有更强的学习动力。

第十，教师应给学生设置期望。教师应始终对学生的发展抱有期望，并且抱着这种期望对学生进行指导，为学生真心付出。在教师的殷切期望下，学生往往会不断进步，不断朝着教师期望的目标前进。

第十一，课堂管理要管放有度。"师太严，弟子多不令，柔弱者必愚，强者怼而严，鞭扑叱咄之下，使人不生好念也。"要像孔子说的那样：做到"温而厉，威而不猛，恭而安"。

第十二，要有一个平和的心态。教师保持平和的心态是正确对待学生犯错误、帮助学生有效改正所犯错误的关键所在。

第十三，要有一颗包容的心。作为教师，对待学生应严而有格、宽而有度。教师的包容是学生自信心的保护伞，是学生发展的一种动力，为学生的成长留足了自主反思的空间。

第十四，把爱给每一个学生。教师要尊重每一个学生，关注每一个学生，满足并提升每一个学生的发展需要。

第十五，保持亲和力。教师的亲和力本质上是一种爱的情感，只有发自肺腑地去爱学生，才能真正地亲近学生、关心学生，也才能激发学生对知识的追求。

第十六，赏识学生。蹲下来欣赏学生，使学生获得一种被关注、被关爱的情感满足，使学生在获得知识的过程中，始终伴随着理解、信任、友爱、尊重、鼓舞的心理体验，通过教师的赏识教育，学生也能学会去欣赏别人，这对学生的成长至关重要。

第十七，让学生在幽默和笑声中学习。课堂上学生的笑既是一种愉悦的享受，也是一种对知识理解的表露。教师在教学活动中恰如其分的、比较幽默的语言常常会引发阵阵笑声，这种幽默往往会比清晰的讲述更有吸引力，它会使学生在轻松的氛围中理解概念，更会激发学生对学习的热爱。

第十八，学会倾听学生的心声。教育的目标是为了培养人，作为教师，应该俯下身来倾听学生的心灵之音，重视他们的喜怒哀乐，关注他们的情感倾向。

第十九，尽量多给学生发言的机会。教师要善于调动每一个学生的积极性，多给学生发言的机会，还可以把举手发言变成小组讨论，之后选代表汇报讨论结果，代表要经常更换，不要固定。另外，要有时间上的规定，表述要简洁明了。总之，要尽量多给每个学生发言的机会。学生是学习的主人，是学习的主体，教师是组织者、引导者、合作者。教师要善于调动每一个学生的积极性，多给学生发言的机会。

第二十，恰当地使用肢体语言。恰当地使用肢体语言，可以让学生感到教师的真诚和亲昵，拉近师生的距离。恰当地使用肢体语言，可以拉近师生的距离，把教学工作提高到一个新的水平。

第二十一，身教重于言教。教师对学生不仅仅是传授知识，还时时刻刻在以自身的人格魅力、对工作的态度及一点一滴的日常行为影响着学生。对学生而言，教师人格力量的作用是无声的教育，对学生的影响比单纯的说教要大得多。因此，身为人师，必须严于律己，用自己的良好行为给学生示以做人的榜样，留给学生一个美好的形象。

第二十二，把握好课堂提问的时机。教师通过精心设疑、提问，让学生思考、回答，引发学生思维的强烈冲突，充分开启学生的心智，使学生的思维处于高度兴奋的状态，学得的知识印象就会深刻、记忆就会牢固，还能调动学生学习的积极性。在学生精神涣散时，用提问的方法还可以集中学生的注意力。

第二十三，经常梳理自己的课堂。自我反思是教学过程的一个必要环节，是提高教学效率的重要途径，也是教师积累教学经验的有效方法之一。不断进行教学反思，努力做一个反思型教师，可以获得宝贵的经验、教训，及时发现新问题，激发教师把教学实践提升到新的高度，实现教师的自我超越。经常梳理自己的课堂，有助于调整自己的教学心态，改进自己的教学方法，促使教师从经验型向科研型转变，提高自己驾驭课堂教学的能力。

第二十四，给学生展示自我的机会。要帮助学生树立自信心，教师就必须在教学活动中为学生提供表现的机会，让学生在实践中体验自信；注意给每个学生表现自我的时间和空间，让学生在自我表现、自我展示中强化自信。

第二十五，平等、民主的课堂很重要。在课堂上一定要尊重学生，建立和谐、平等、民主的师生关系。在课堂教学活动中，教师要把自己看作是与学生在一起的参与者、探索者，而不是掌控者。

第二十六，表扬和批评要适度。教师教育学生的方式是多种多样的，其中表扬与批评是最常用的两种方式，应该以表扬为主，这样可以增强学生的上进心和自尊心，从而产生一种积极进取的动力。特别是当学生犯了错误，在严厉批评的同时，还要鼓励学生，增强学生克服困难、改正错误的信心和勇气。表扬和批评看似很简单，但在实际应用中却很难掌握好"适当"的尺度，需要在实践中不断地摸索。只有善用表扬与批评这两种手段，才能达到最佳的教学效果。

第二十七，帮助学生赢得信心。对学生而言，家长、教师无疑是权威人物。他们对学生的期望或评价无论是积极还是消极，都会触及学生的心灵，都对学生自信心的确立起着举足轻重的作用。自信是人追求成功的一种信念，是坚持走向成功的一种意志，是一种巨大的潜能。因此，无论是教师还是家长，都要切记：学生的自信是学好的关键。

第二十八，巧设物质奖励。不同的学生对表扬与奖励的反应不同，故应因人、因时、因地采取不同的表扬与奖励方式。这一点就要求教师要严格区分：是口头表扬还是以光荣榜的形式写出来；是当众表扬还是单独谈话时称赞；是精神表扬还是物质奖励。如对性格内向、成绩落后的学生，可找他单独谈心，表扬他遵守纪律的优点，鼓励他上课大胆发言，积极参与活动，改进方法，提高效率。运用不同的方法对不同的学生进行表扬，效果将会是非常显著的。

第四节　高中生物课堂中的教学效率提升

教师对教学理念的创新是提高生物课堂效率的第一要素。教师要将教育的具体要求与学生的实际认知情况相结合，复盘教学过程，提高生物课堂的教学效率，也就是说，要想提高生物课堂的教学效率，就要有与之相适应的教育理念，同时还要将理论与实际联系起来，更重要的是对课程的反思与总结。

一、提高学生学习生物课的兴趣

兴趣是生物课堂教学的前提条件。不管是什么课堂，要想有序地开展就要以兴趣为指导，生物课堂也不例外，通过调动学生学习的积极性能有效提高课堂效率，培养学生的兴趣就能提高其在课堂上的积极性。下面有三种方式能培养和提高学生对学习生物的兴趣：

第一，新知识和旧知识相结合。教师要全面了解学生的认知基础，针对对学生的了解或之前已经学过的内容，教师在授课过程中，可以通过已学过的知识将新知识引入，这样有利于学生对新知识的接受。以"生物基本特征"知识点为例，教师可以先帮助学生回忆以往学过的知识，通过旧知识来解释新知识，新旧知识相结合，使学生更容易学习和理解，学生就不会认为新知识很难掌握了，自然更愿意学习。

第二，通过生活场景学习新知识。在生物课堂教学中，生活场景教学法的运用比较普遍，比新旧知识结合的方法更好，但它也有一些不足，如可能会引起学生注意力的分散，不利于课堂教学的有序进行，这会导致课堂教学效果不理想，从而达不到预期的效果。除此之外，有的生物知识是无法与生活场景相联系的，但是教师却强硬地将二者联系到一起，反而使课堂教学的质量和效果大打折扣。

第三，将多媒体运用到生物教学中。通过中间媒体的方式来吸引学生学习生物知识，多媒体是生物课堂教学的主要方式，多媒体教学是现代教学必不可少的教学方式。如今，教师的素质较高，一般都会熟练运用多媒体和根据课堂需求制作相应的多媒体课件，在生物教学中运用多媒体的教学方式，可以使生物课变得丰富多彩，有利于学生学习兴趣的培养和提高。教师不再只是念课本，学生不再只靠想象学习，教师运用多媒体的教学方式，将生物知识展现在学生面前，使抽象的知识变得生动、形象、具体，学生看到图片和影像后，能激发学习热情，有利于生物课堂教学的有序开展。以"遗传变异"为例，教师可下载相应的教学视频，在课堂上通过多媒体播放，学生能直观地观看，这样更有利于学生对"遗传变异"的理解。

二、优化生物课堂教学方式

第一，变个人探究法为小组合作探究法。高中生物知识点很系统，个人探究法对个别学生是很好的方式，但对大多数学生其效果是比较差的。因此，我们可以变个别探究为小组合作探究，小组内分工明确，目的明确，这样小组内既有合作又有竞争。例如，教学"光合作用"时，小组内分工明确，大家把"光合作用"的数个阶段划分开来，一起探究，既节省了时间又达到了最佳的学习效果。

第二，要根据课堂教学目标和教学实时情况灵活应用演示法。教师在教学时演示法运用得较多，演示法同样也适用于高中生物课堂教学，但关键在于怎样进行演示、谁进行演示、演示法什么时候用这一系列问题都需要解决。演示法分为多媒体模拟演示、仪器模型演示和直观演示等。所以，教师在备课中要根据生物课程的教学目标和所学的知识选择合适的演示方法并合理运用，发挥演示法能将微观变为宏观、将抽象变为具体的优势。教师是演示的组织者，要鼓励学生进行演示，演示的学生与观看的学生进行互动，可以有效地提高课堂效率。

第三，在课堂教学中可以运用辩论法。在教师授课的过程中可能会产生分歧，如师生之间、生生之间对知识的理解不同，那么就需要运用辩论法，鼓励学生表达自己的观点，敢于质疑他人的观点。通过辩论，可以让学生更深刻地理解知识，这就提高了学生的语言表达能力，有利于学生综合素养的培养。

三、增强生物实验意识和观察力

实验包括分组实验和演示实验两种，在运用这两种实验方法时，教师要向学生强调多观察，要写实验报告并进行相关总结，学生在实验前要了解本次实验的目标和实验的要求，只有带着问题去观察实验，学生的学习才能事半功倍。教师在班级中可以建立生物兴趣小组，开展生物知识竞赛，培养学生学习生物的兴趣。

只有将学生作为课堂教学的主体，以先进的理念作为课堂教学的前提和基础，才能有效提高高中生物课堂的效率。只有提高了课堂效率，学生的素质才能得到全面提升。

第三章

高中生物结构化教学及其策略分析

3

第一节　高中生物结构化教学及学习过程

一、高中生物结构化教学的核心与模式

结构化教学是在充分了解学生的知识基础和能力经验的基础上，以完善和发展学生原有认知结构为目的，通过对知识结构和体系的教学，帮助学生对知识信息进行加工，深入理解知识，建立良好的认知结构。帮助学生学习生物学大概念，形成生命观念，发展科学思维，提升学生的核心素养。

（一）高中生物结构化教学的核心

第一，了解学生原有基础。学生头脑中已有的知识经验对新的学习能起同化作用；结构化教学应根据学生的知识基础和能力经验组织教学，指导学生掌握运用已有的知识去同化新知识的方法；针对新教学内容为学生补充相应的基础知识和背景知识。

第二，对知识信息进行加工。教学时应对新知识通过多种表征进行阐释，完成意义建构，唤起学生认知结构中的多种知识背景，指导学生对新信息进行多种加工，从而获得对知识本质的理解，这样更有利于学生构建新旧知识之间的实质性关联。

第三，建立认知结构。教师应站在系统的高度传授知识，通过对知识结构和体系的教学，帮助学生站在系统的高度去接受和把握知识、掌握知识之间的内在联系与规律。这样可帮助学生形成良好的认知结构。当学生遇到问题时，从长时记忆中激活和提取知识，有计划和有谋略地思考，进而解决问题。

第四，提升学科核心素养。通过建构合理的知识框架，让学生了解学科逻辑，形成生物学大概念，发展生命观念，形成科学的思维习惯，提升学生的生物学学科核心素养。

（二）高中生物结构化教学的模式

根据生物学知识的学习阶段和过程，把高中生物结构化教学划分为六个基本环节，具体如下：

第一，灵活创设，引起注意。学习过程不是从感觉经验开始的，而是从对感觉经验的选择性注意开始的。如果我们能吸引学生良好的选择性注意，学生的学习效果将得到有效提高。

第二，及时提问，激活旧知。从同化论和激活论而言，新知识要获得意义，学生认知结构中不仅要具备适当的原有知识，而且这些知识还必须处于激活状态。虽然在学习新知识时，学生认知结构中尽管存在某些可以用来同化新知识的原有知识，但学生不会合理利用。同时，还要帮助学生消除与科学概念抵触的错误概念。对这种情况，常用的方法是及时提问，或者复习旧知识引入新课。

第三，精心组织，呈现材料。从心理学角度来说，人们对言语知识的认知兴趣和记忆的强度远不如对视觉形式或图画形式。在教学中，要加强知识图表化、知识图像化的表象性转化策略，使学生更好地接收并处理信息，形成生物学概念。例如，细胞的分裂与分化两个概念之间存在着差异：单纯分裂的结果仅使细胞的数目增加，形态不会有太大改变；细胞分化只使细胞的形态和功能发生稳定性差异，数目不变。单纯的语言描述，一部分学生不能很好地理解，但如果引导学生用画简笔画的方式来区分，那么寥寥几笔，更胜千言，更容易达成教学目的。

第四，积极联结，建构新知。通过复述策略可以保持知识，但知识的掌握不仅是保持知识，而且是要经过认知结构的改组和重建，达到简约与减轻记忆负担的目的。在这方面，教师可指导学生掌握并运用多种复习与记忆的方法、精加工和组织材料的方法，对已有知识进行进一步的加工改造，促进认知结构的改组与重建，建构合理的知识框架。

首先，精加工。在知识学习过程中，对所学内容进行增加或补充称为"精加工"。精加工能给知识回忆提供众多的提取路径，使回忆时的信息提取通路增多，对记忆产生深远影响。精加工是一种深层次的加工策略。它将新学习的生物学知识与已有知识进行联系，增进学生对新知识的理解和记忆。精加工在生物学学习过程中发挥着非常重要的作用，是高效率地获得生物学知识的基本条件之一。例如，学生对"腺嘌呤核苷三磷酸（ATP）是直接的能源物质""糖类是主要的能源物质""脂肪是主要的储能物质"这些知识总是混淆，教师在教学中就可以把ATP比喻成口袋里的现金，把糖类比喻成活期存款，把脂肪比喻成定期存款。

其次，组织。所谓组织，就是按照材料的特征或类别进行整理、归类或编码。运用组织策略，可把学生头脑中的生物学知识由繁变简、由无序变为有序。组织的生物学知识储存在学生头脑中，犹如图书馆经过编码的书，易于检索和提取。

第五，重组结构，保持记忆。根据同化论和激活论，在知识的保持期间，认知结构要经过重新组织，以达到减轻记忆负担的目的。此阶段教师的主要任务是通过比较有联系但又有区别的知识，促进学生认知结构的改组和重建，帮助学生形成大概念，深入理解和迁移知识，形成系统观念。列表比较就是一种常用的促进知识结构重建的方法。

第六，适时评测，提取知识。生物学知识学习的最终结果是提取知识来解决日常生活问题或供新的学习使用。适时评测，提取知识阶段，教师应测量和评价学生的认知结构及其特征，包括：知识网络是否已形成；认知结构中有无适当的、可利用的、起固定作用的观念；新旧知识的可辨别程度如何；原有认知结构中起固定作用的观念的稳定性和清晰性如何等。同时，需要注意的是，教师的检测对学生的学习应起到导向作用，培养学生的科学思维方法，帮助学生在应用中认识事物、解决实际问题。

二、高中生物结构化教学的学习过程

（一）进行有效提问

开展生物教学活动时，应该将知识和问题相融合，通过提问的方式完成教学目标，对学生进行提问，学生就需要解答问题，这个过程就是知识学习的过程，这种方式有助于提升教学效果，重要的是提问的方式与内容，有效的提问可拓宽学生的思路，让学生更有自信，有助于学生的自主探究学习，还可以实现教师和学生在课堂中的和谐互动。转变课堂当中的提问方式，让提问方法更加优化、具有针对性，这样才能提升教学效果，让学生愉快地学习。

1. 生物课堂有效提问的不足

当前，生物教学课堂中问题的提出主要存在以下几个方面的不足：第一，提出的问题过于简单，没有思考，如问学生是不是、好不好，这种问题没有任何启发性；第二，问题大多集中于学生已经掌握的知识，提问只是让学生加强对过去知识的记忆，这样的提问并没有激发学生的思考，无法实现学生思维的发散；第三，提问的问题没有涉及本节课的学习重点，提出的问题过于随意，而且偏离了中心主题；第四，在提问比较有难度的问题时，没有提前为学生铺设台阶，这时学生没有办法回答问题，造成课堂冷场；第五，经常提问成绩好的学生，导致教师没有办法获得真实的信息反馈；第六，学生在回答问题后，对学生的答案不置可否，没有给出相应评价，这种方式很容易打击学生的学习积极性。以上六个问题都会导致提问没有办法发挥出正常的效果，这些问题也会让教师处于被动状态。只有正确有效地提问才可以激发学生的探索欲望，才可以让学生主动探究，也才能直接提升教学效益。作为生物教师，需要注意以上几个方面的问题，并加以解决。

2. 生物课堂有效提问的方法

教师的责任就是要点燃学生求知的火焰。教师能否科学地设计出灵巧、新颖、易于激发学生思考的问题，是教学能否成功的关键。如何进行设计才能使课堂提问更加有效，要从以下几个方面入手：

（1）开放性的提问。建构主义者强调知识的相对性，认为知识只是一种解释、一种假设，它并不是问题的最终答案。科学知识包含真理性，但不是绝对正确的答案。知识会随人类的进步不断出现新的解释和假设，只能通过个人的经验与探索、去发现、去建构。因此，教师应注意自己的教学设计和语言要给学生预留建构微环境的空间，不能剥夺他们的思维空间和推理机会。这样才有利于提高学生的学习兴趣，有利于学生终身学习能力的培养。恰当地创设教学情境，是提高教学质量、培养学生学习能力的一项有效教学策略，能达到激发学生的学习欲望和好奇心、激活学生的思维活动的目的。

（2）层次性的提问。学生原有的知识、经验是新的建构活动的基础。一切新的学习都是建立在以前学习的基础上。因此，按学生的认知程序，循序而问，由表及里，层层深入地创设"阶梯式"提问，对培养学生思维的逻辑性和深刻性有着重要的意义。

例如，在解决"神经调节与体液调节的关系是怎样的"这一问题时，这是一个比较复杂的问题，为了很好地解决这个复杂的问题，教师可以设计问题：①神经调节与体液调节的概念是怎样的；②神经调节和体液调节的特点有何差异；③根据水盐平衡和尿量调节机制简图，试说明在饮水过多的情况下，人体是怎样保持水和无机盐的平衡的；④神经调节和体液调节的关系怎样。这组问题逐个深入，步步提高，体现出与学生认知规律的一致性，有效地引导学生的思维活动向纵深处发展。

又如"减数分裂"内容的复习，可设计问题：①四分体时期，染色体数、染色单体数、DNA（脱氧核糖核酸，是分子结构复杂的有机化合物）分子数、脱氧核苷酸链数之间的关系如何；②减 I 时期同源染色体的行为如何；③基因型为AaBb的精原细胞，两对基因分别位于两对染色体上，则四分体时期染色体上的基因是怎样的；④减数分裂与有丝分裂的异同是怎样的；⑤该精原细胞如果产生Aa基因型的精子，应是怎样发生的。这样将教学内容分解成一些小知识点，循序渐进，依次显示，学生的思路将会更加清晰，教学效果也会较好。

（3）探究性的提问。学习不是教师把知识简单地传递给学生，而是学生自己建构知识的过程。教师在课堂提问中多提探究性的问题，可激发和维持学生主动探究学习并积极进行发散性思考，取得良好的教学效果。

例如，在讲述"遗传信息的携带者——核酸"一节时，如果直接让学生去记忆核酸的概念、分布、结构、功能等知识，学生会感到枯燥无味。但换个角度，用探究式策略进行提问："你们有谁听说过案件侦破工作中的DNA指纹法？有谁知道DNA在案件侦破工作中有什么作用？还有谁听说过DNA亲子鉴定？为什么可以用DNA进行亲子鉴定？"这样提问，能激起学生的思维波澜，激发学生的兴趣，学生都会积极讨论这些问题，课堂气氛立即变得活跃起来。在讨论和研究过程中，学生很自然地掌握了核酸的结构和功能的相关知识。

（4）针对性地提问。课堂提问的指向必须清楚、明确。提问的指向范围要适度，并用简洁的语言把问题说明白。如在显微镜的实验操作过程中，教师先提出问题：高倍显微镜与低倍显微镜相比，哪个观察的区域大；原因是什么；使用高倍显微镜之前为何必须先使用低倍显微镜；怎样正确使用高倍显微镜。通过对这些关键点的提问与回答，学生了解了显微镜的特点，掌握了显微镜的使用方法，并能合理地进行实验操作。

（二）运用"最近发展区"

"最近发展区"概念由苏联著名教育家维果茨基提出，是指学生潜在发展水平和目前水平之间存在的差异，学生现有水平是指学生心理机能目前发展达到的水平，具体表现在使学生可以自主完成教师布置的相关智力任务。学生的潜在发展水平指的是还没有发展完成依旧处于发展状态的相关能力，不能独立完成教师设置的智力任务。但是，通过教师的指导及学生自己的努力，学生的水平可以更上一层楼，这时学生能达到的水平就是潜在发展水平。

"最近发展区"理论指出，教学不可以仅停留于学生当前的发展水平，教学水平应和最近发展区中学生潜在的发展水平对接，这样教学活动结束后学生才可能跨越"最近发展区"，实现水平的提升。"最近发展区"在高中生物教学中的应用需要结合具体教学及实践需要，以此来提高生物教学的效果。

1. 找准"最近发展区"

影响学习的最重要的因素是学习者已经知道了的内容，所以新的教学需要依赖学生原有的知识基础，然后让新的知识和旧的知识相互联系、相互作用。具体来讲，其作用方式有三种：首先，下位学习，指学生原有的知识概括水平比学生要学习的新知识概括水平要高；其次，上位学习，指学生原有的知识概括水平比学生要学习的新知识的概括水平要低；最后，并列结合学习，指新知识和旧知识在同一个层次，在这样的情况下，新旧知识之间产生了相互作用。

将新知识和旧知识进行适当融合，会在一定程度上提高教学效果，让教学内容变得更容易接受、有系统性。因此，想要实现真正的因材施教，那么必须了解学生的当前学习状况，根据学生现有的水平和知识基础精准定位学生的"最近发展区"，然后匹配适合学生的教学模式。

2. 引入"最近发展区"

认知冲突是指个体当前认知结构和他即将进入的学习情境之间存在短暂的冲突，由于新的知识和旧的知识存在差距，这种差距会引发认知结构的矛盾与冲突，也会造成学生心理状态的失衡。心理状态失衡后，学生的学习兴趣会被充分激发，学生会有更强烈的学习热情，在这样的情况下可以成功创建学生新知识学习的"最近发展区"。通过这种方式，教师可充分利用新旧知识的连接处、思维的转折点等为学生"最近发展区"的创设设置悬念，引发学生知识结构的矛盾，让学生的心理状态处于不协调的失衡状态，由此激发学生的好奇心和探索欲望，将学生引入"最近发展区"。

3. 转化"最近发展区"

教学应以学生当前所处发展水平为基础，致力于将学生的潜在发展水平转变成学生新的知识现有水平。学生形成新的知识现有水平后，思维又会发展出一个潜在水平，然后又会形成一个全新的"最近发展区"，新发展区的出现又促进提升了新一轮学生水平。通过这样的循环往复，学生的发展水平会逐步提升，学生也会在这样的往复过程中掌握越来越多的知识和能力。对学生而言，这个过程是从平衡状态发展到不平衡状态，再重新回归新的平衡状态的过程。生物教师在使用这一方式教学时，需要明确学生当前的现有发展水平与学生的潜在发展水平之间存在的差距，明确后，循序渐进、由简到繁、从低到高一步步引导学生，让学生解决一个个疑问，清除一个个思维障碍，最终实现学生"最近发展区"的转化，更新、提升学生现有发展水平。

例如，"噬菌体侵染细菌的实验"是高中生物课程的难点之一，虽然教材采用了图文并茂的编写方法，但是，教材描述性文字较少，实验过程比较复杂，学生对此知识点的学习有一定的困难。如何帮助学生理解文字内容，读懂课本中的图解，这时就可以把教学问题化，通过一系列的提问来帮助学生解决难点。例如：①实验中使用了哪些技术；②如何让T2噬菌体分别标记上35P和32S；③为何不能直接标记T2噬菌体；④靠什么吸附；⑤注入的是什么、DNA注入的去向，哪些成分留在外面；⑥在细菌细胞内合成了什么；⑦哪些成分组装成噬菌体、子代噬菌体和亲代噬菌体相比形态有何不同及其原因；⑧释放出来的是什么、到哪里去了、原来的细菌怎样了；⑨该实验得出的结论是怎样的。

整个教学围绕这一系列的问题展开，每个小问题学生都能够经过努力得到圆满解决，使学生始终保持在一个旺盛求知的氛围中，并在解决实际问题的过程中，获得成功感，从而产生较为稳定、持久的学习兴趣。

4. 突破"最近发展区"

学生认知智慧技能的层级关系为：辨别→具体概念→定义概念→规则→高级规则。该智慧技能的层级关系为我们创设学生"最近发展区"、利用学生"最近发展区"，从而开发学生的"最近发展区"提供了参考依据，在教学中必须依照学生思维能力的发展水平对其进行有效的培养。

例如，在"孟德尔的豌豆杂交实验（一）"教学中，可以先投影出不同豌豆品种的各种性状：高茎和矮茎、种子圆滑和皱缩等，让学生指出它们的区别（辨别），说出哪些性状属于相对性状（具体概念），总结出相对性状的定义（定义概念），再通过一对相对性状的杂交实验得出分离定律（规则），并利用分离定律解释生物遗传现象事例（高级规则）。在得出的层级关系分离定律这个步骤，教师应把目标细化，搭好脚手架，将其分成七个渐进的子目标：①什么是显性性状和隐性性状？②什么是遗传因子？如何表示？③遗传因子的存在有什么特点？④生物体形成配子时，遗传因子会怎样？⑤受精时，雌雄配子随机结合，又会导致什么现象出现？⑥如何验证你的假设？⑦你得到一个什么结论？然后，通过一些例题和习题让学生掌握分离定律。

这一过程依赖智慧技能，通过智慧技能，教师可对学生的"最近发展区"进行科学开发，可为学生更好地建设知识结构提供支持。智慧技能除了可以更好地实现陈述性编码目标，还可以促进陈述性编码向程序性编码转化。生物教学要以学生现有的知识结构为基础，遵照教学内容提出的要求精心安排各项教学内容，有序展开教学工作。只有做到了这几点要求，学生的"最近发展区"才能更好地转化，学生才可以在一种紧张和愉悦交替的情境中主动完善认知结构，才可以慢慢提升自身的能力水平。

（三）进行支架式教学

因为学生的实际发展水平和潜在水平之间存在一个"最近发展区"的差距，所以，教师在开展工作时，可以针对"最近发展区"为学生提供帮助，帮助学生搭建实际发展水平和潜在水平之间的桥梁。美国的教育学家布鲁纳就此提出了"支架式教学"，它是指学生通过合作或自主探索的方式，在教师的指导下完成一个个小任务，在解决这些任务的过程中构建自身知识体系的一种教学方法。这种教学方法主要涉及五个环节：搭建脚手架、进入学习情境、自主进行探索、合作交流、学习效果的评价。这种教学方式指出，教师应该在"最近发展区"为学生构建两个发展水平之间的支架，并按照基本的操作环节开展教学。在学生自主探索或合作探索过程中，教师应给予一定的支持和帮助，助力学生达到更高的知识水平。

1. 支架式教学的类型

支架的存在可以让学生以更高的质量完成自主的知识探索或小组内的合作学习探索，也可以为课程提供更活跃的教学氛围，"支架式教学"最重要的是要构建多元化的支架。教学过程中涉及的支架类型有以下几种：

第一，情境支架。情境支架的设置要求符合逻辑，条理清晰，通过为学生创设阶梯形式的或分层形式的支架，可以引导学生一层一层地探索，一步一步地接近事物本质。举例来说，在进行光合作用的学习时，教师可以通过讲述生物学科技史为学生创设生物教学情境，为学生搭建一条科学家探索生物的情境支架，通过这条支架，学生可跟随科学家们的探索道路与思维轨迹，遨游在生物的世界中。沿着情境支架，学生可以了解光合作用的研究历史，可以清楚掌握光合作用需要的原料、进行的场所、产生了哪些产物、需要具备哪些条件才能进行光合作用等知识。可以说，学生可以了解光合作用的整个过程，而且在了解的过程中，学生也形成了良好的思维习惯，他们将具有更严谨的逻辑性。

第二，范例支架。范例是指非常优秀的、非常典型的事例，一个优秀的范例会对学生产生正向引导，可以避免出现一些不清楚、比较模糊的解释，可以让学生更好地掌握方向、实现目标。

第三，问题支架。问题支架是指按照教学目标有逻辑顺序地为学生设计某一范围内的相关问题，以教学目标为中心，可将教学内容按照逻辑顺序编列成一个一个存在逻辑关联的问题。前一个问题应是开展后一个问题的基础，后一个问题是对前一个问题进行的延伸和拓展。通过这样的连接，学生可以形成不同层次的思考。这种层次的变化有助于学生积极主动地思考，有助于学生在未知的范围内探寻，并获得已知答案。

例如，在"生物膜的流动镶嵌模型"的教学中，根据教材中的科学史实验资料，教师可以设置以下问题串：根据所学习的化学知识，物质具有相似相溶的特性，这有哪些启发？生物膜是由脂质组成的，这个结论的依据是对现象的推理分析还是对膜成分的提取和鉴定？在推理分析得出结论之后，还有必要对膜的成分进行提取、分离和鉴定吗？如果作为研究者，当做实验时发现脂质单分子的面积是红细胞表面积的两倍时，大胆地展开你的想象力，能做出什么假说？细胞膜的成分只有磷脂分子吗？组成细胞膜的化学分子还有什么？脂质分子和蛋白质分子是如何共同组成细胞膜的？这两层磷脂分子是如何排列的？根据超薄电镜切片观察结果，蛋白质在细胞膜中是如何分布的？和磷脂双分子层位置关系如何？根据以前所学知识，是否能找出该模型还有哪些不足之处，并说明理由。显然这是逐层深入的一组问题，引导学生从一个台阶走向另一个台阶。在教师的引导下，学生借助课本，最终总结出细胞膜的流动镶嵌模型的基本内容。

第四，实验支架。生物教学中的生物实验可以让学生在动手操作中解决自己的疑惑，在动手操作过程中，学生的实验探究能力也得到了培养和锻炼。生物教学需要注重一点，不可以让学生始终进行机械化的验证实验，而应该让学生进行更多实验探索，让学生体会实验成功带来的成就感、喜悦感。

第五，概念图支架。概念图可为学生新知识的学习提前提供一个引导，让学生知道大概的知识。教师需要在新课授课前将概念图呈现给学生，学生可以通过概念图的内容了解要学习的知识，以及不同知识之间存在的关联。举例来说，教师在讲解现代生物进化理论时会面临一个问题，那就是学生觉得环节过多，很难真正地全部掌握。为了解决这一问题，教师就可以使用概念图的方式将新物种形成的基本环节用概念图的方式表现出来，这样学生可以清楚不同环节之间到底存在哪些逻辑关联，也可以按照这种逻辑关联理清问题脉络。

2. 支架式教学的思路

在生物学程序性知识的教学实践过程中，可根据程序性知识的建构特点，探索出四个环节支架式教学思路。下面以"有丝分裂和减数分裂图像的辨析"为例来加以说明。

（1）分析学情。当教学满足学生的需要，或者符合学生的初始愿望时，学生会产生一种满足感、愉悦感，从而使学生的情感得到满足，产生学习动力。所以，分析学情、确认最近发展区与制订计划就显得尤为重要。这个过程应该做到：①通过多种手段确认学生的现有水平、接受能力、认知能力；②对比确定学生的学习目标；③分析和确定学生的学习"现有发展区"到"最近发展区"和"未来发展区"的变化过程；④制定计划并设计适合学生使用的学习资源，为学生学习做好前期准备。

在学习"有丝分裂和减数分裂图像的辨析"之前，学生已经学习了有丝分裂和减数分裂过程。这部分内容对学生而言比较难，部分原因是他们对基本概念没有理解和掌握，如染色体、染色单体和DNA，以及同源染色体和四分体之间的关系、联会和交叉互换等。有的学生甚至不能辨别出一条染色体上含有几条染色单体或DNA分子。因此，教师应该分散难点，帮助学生先掌握基本概念。只有这样，学生才能理解有丝分裂和减数分裂整个过程的动态变化，辨别各个分裂图像中染色体等的数量和形态的变化。

（2）搭建支架。教师将复杂的任务加以分解，为学生建构知识提供支架。教学从学生思维的已有发展水平开始，让学生的思维沿着支架不断向上攀升。通过思考的不断深入，学生不断获取新的知识，最后完全达到教学目标。对"有丝分裂和减数分裂图像的辨析"，教师需要搭建4个支架，具体如下：

支架1：细胞中DNA数、染色单体数、染色体数的计算方法及其变化过程。学生通过观察各个细胞图中上述物质的数量及变化特征来判断细胞分裂处于何种时期。这些特征的掌握是学习中的难点，特别是染色单体的形成、出现、消失，更是难点之中的难点。通过建立教学模型，能有效帮助学生突破这些疑难。需要注意的是，该教学模型展示了一条染色体在细胞分裂过程中所发生的变化，将有丝分裂和减数分裂整个过程中染色体、染色单体、DNA变化的情况都联系了起来，有助于学生加强对有丝分裂和减数分裂共性的理解。从中学生可归纳出：染色体数即为着丝点数；DNA数与染色体数、染色单体数的关系是——细胞中无染色单体时，DNA数等于染色体数；细胞中有染色单体时，DNA数等于染色单体数。

支架2：识别同源染色体。对于同源染色体概念的学习，可以让学生阅读其概念及特点，在此基础上，提出问题让学生判断，加深学生对概念的理解和巩固：①是否所有的同源染色体大小、形态都相同，任意一条来自父本和一条来自母本的染色体是否都可以称为一对同源染色体；②判断是否属于同源染色体的最主要依据有哪些等。

支架3：判断联会、四分体。联会现象和四分体的判断也是教学中的难点，教师可以依据四个方面来进行判断：①在第一次减数分裂前期，同源染色体两两配对的现象叫作联会；②四分体是同源染色体的特殊存在形式，在减数分裂过程中联会的一对同源染色体才可称作四分体（含有4条染色单体）；③在有丝分裂过程中存在同源染色体，复制后每一对同源染色体包含4条染色单体，但由于不发生联会，所以不存在四分体；④四分体、同源染色体与染色单体的数量关系：1个四分体=1对同源染色体=2条染色体=4条染色单体（含4个DNA分子）。

支架4：利用"三看"法识图。依据同源染色体及分裂各期染色体的特点分三步来判断和识别各种分裂图。借助前面的三个支架，学生了解了如何判断染色体的形态、数目和行为。这些是辨析的基础。在此基础上，教师给出第四个支架：依据相近图像的区别和联系进行辨析。四个支架化繁为简，化难为易。

（3）变式巩固。变式的概念是"规则正例的变化"。搭建好支架后，通过提供变化的正例，让学生练习，从而掌握程序性知识。结合具体实例的变式练习，要具有"由例及类"的典型性，同时，变式呈现的难度变化要与学生的认知顺序相适应。

在学习了"有丝分裂和减数分裂图像的辨析"规则后，可提供一系列图形作为变式练习让学生判断各个图形分别属于哪种细胞分裂图像。通过一系列练习，可帮助学生完成知识的转化。学生能运用程序性知识解决问题，说明他们已经掌握了程序性知识。熟练掌握程序性知识是成为解决问题的高手的重要条件。要想让学生熟练掌握程序性知识并达到自动化程度，必须经过一定量的练习才能实现，所以教师在教学中要适当多选编一些变式习题。

（4）拆除支架。支架式教学减少了学生学习中的不确定性因素，使新旧知识建立了联系，形成了解决问题的程式。但从教学的初衷而言，设置教学支架是为了最终撤去支架。当学生能独立思考并能顺利解决问题时，教师就应及时撤出支架。例如，当学生掌握了"有丝分裂和减数分裂图像的辨析"规则后，就不必再借助四个支架，直接根据图形辨析即可。此时学生心中仍有支架，仍然按照"三看"法进行识别，但此时的支架以简略、内隐的形式存在。当然，随着学生知识和技能的不断丰富和拓展，必然会产生新问题、新疑惑，这时就需要搭建更新、更高水平的教学支架加以适应。因此，使用教学支架要与时俱进，运用支架的过程也是拆旧建新、不断提高的过程。

3. 支架教学的注意事项

（1）重视程序性知识教学。一个人只有具备一定的能力，才能获取大量知识和信息，才能更好地迎接竞争、迎接挑战。传统的生物学教学常常只注重陈述性知识的教学，轻视学生能力的培养，使学生素质和能力都不高。因此，在生物学教学中，教师不仅要注意教会学生知道"是什么"和"做什么"，而且要注意教会学生知道"为什么"和"怎么做"，要把学生的能力培养放在首位。生物学教师必须重视程序性知识的教学。

（2）最终要拆除支架。建构主义的核心强调学生的自主学习，教师搭建支架是为了培养学生自主学习的意识和能力。学生在教师搭建的支架中学习，自我意识会越来越强，认知策略也会越来越优化，学习风格渐趋成熟。最终就算没有了支架，他们也能独自学习。这正是教师为学生搭建支架的出发点和归宿。通过这种支架的作用，把学生的智能提升到更高的水平，真正做到教学走在发展的前面。

（四）优化学生认知结构

有意义学习理论指出新知识要和学生原来积累的旧知识之间发生相互作用，发生相互作用后，新旧知识具有的意义会相互同化。也就是说，学生原来的认知结构中的知识对新知识的学习，以及意义学习的建构都非常重要。因此，教师应该注意引导学生形成自己的生物认知结构，形成认知结构后，学生后续的学习将会更加顺利。

1. 认知结构不足的表现

由于生物学的知识比较琐碎，不同知识之间的关联性不是特别强，对学生来讲很难记忆，因此，学生的兴趣会比较低，对学习生物没有较大信心，这些现象出现的根本原因是学生没有建设生物认知结构。换个角度说，是教师不重视学生生物认知结构的建设造成的。生物学认知结构是指学生大脑中构建的有关所有生物学知识的一种组织，目前学生头脑中对生物学知识的结构构建主要体现出以下三个方面的不足：

首先，可利用性不足。学生没有掌握较多的生物学知识，在吸收新知识的时候，没有足够的旧知识去同化新知识。

其次，可辨别性比较差。学生在学习生物知识时，往往靠死记硬背，没有建立不同知识之间的关联，没有形成知识结构，导致学生在接受新知识时，没有办法让新知识和旧知识建立连接点。这会导致学生没有办法分辨新旧知识的不同，对新知识理解产生了一定的干扰。

最后，稳定性比较低。学生没有牢固地掌握之前学过的知识，这种情况下，不仅会对知识的正迁移造成不良影响，还有可能出现负迁移的状况。

2. 优化认知结构的方法

引发认知冲突可以让学生的生物学认知结构变得更加优化，这里的认知冲突是指在学生的原有知识和要学习的新知识之间存在冲突与矛盾，认知冲突的存在可刺激学生构建新的认知结构。在生物课堂教学当中，利用认知冲突需要教师通过外界的人为因素去激发学生产生认知冲突，让学生的注意力更加集中，从而从内心深处驱动学生积极参与生物学习，积极构建生物学认知结构。

（1）通过教学中新知识和旧知识之间的连接点去创造认知冲突。举例来说，在学习人类遗传病时，教师可为学生设置认知冲突，向学生提问："色盲、白化病及血友病这些遗传病，伴随人的出生而体现出相应的遗传特点。原发性高血压一般不会在年轻人身上出现，但是等人上了年纪之后它就会鲜明地体现出来，那么明明在年轻时没有任何症状，为什么还要称它为遗传病呢？"这样的提问使学生的认知出现矛盾和冲突，这时教师可以从此入手，带领学生区分遗传病和先天性疾病之间存在哪些区别。区分后，学生就会明白，遗传病是指由于遗传物质发生了变化才形成的一种疾病，比如原发性高血压，这种遗传性疾病需要人上了年纪之后触发某些因素才会呈现出鲜明的症状特点，它并不会伴随人的出生就出现。但是，先天性疾病是随婴儿的出生就出现了，除了这一特点并没有其他的显著特征，这种疾病的出现不一定是因为遗传物质出现了变化，也可能是其他的原因，如在胚胎发育的过程中受到其他因素的影响而发生了一定的变化，进而造成了先天性疾病的出现。教师从这样的认知冲突入手，就会实现学生生物学认知结构的优化，学生掌握的生物学知识就会越来越多，学生构建的生物学认知结构也会越来越有序、有组织性。

（2）从生物学规律适合的应用条件入手，制造认知冲突。高中生还没有形成完整的生物学公式认知、生物定律认知，他们没有完全了解公式和定律的真正内涵及应用条件，因此会导致学生对公式运用、定律运用出现模糊点或错误之处。教师可通过这些模糊点制造认知冲突，通过明确知识的使用条件让学生理清知识的本质内涵，让学生更好地掌握知识的适用条件。澄清这些模糊点或错误之处，可给学生留下更深刻的认识，学生的生物学认知结构也会变得更加优质、有序。

（3）通过生物学中的例外情况为学生制造认知冲突。生物学中，很多现象都是普遍存在的，也会有一些例外情况，学生容易理解那些普遍性现象，但是对例外现象的理解却总是模糊的，教师可从例外情况入手，为学生制造认知冲突，以实现学生知识结构的优化与完善。

举例来说，一般情况下，需要在叶绿体细胞器中进行光合作用，需要在线粒体这个细胞器中进行有氧呼吸，基于这个知识，学生会得出一个错误的结论，那就是能够进行光合作用的细胞必然具有叶绿体这个细胞器，能进行有氧呼吸的细胞必然都有线粒体这个细胞器，这都是错误的，不能用一般情况去推普遍情况。教师在纠正学生的这一错误认知时，可对学生提问："蓝藻及硝化细菌都属于原核生物，这样的生物除了核糖体外不存在其他的细胞器，对这样的生物，它们是如何进行有机物摄取的？是如何从外部获得能量的呢？"教师提出这样的问题后，学生的认知必然会处于失衡状态，学生就会积极主动地分析为何这些生物没有叶绿体也没有线粒体，但是它们为什么可以获取能量、获取有机物呢？学生自然而然地会去分析叶绿体进行光合作用的原理及线粒体进行有氧呼吸的原理。这时，教师再进行正确的引导，学生便会明白原来光合作用能发生是因为色素和酶的作用，而有氧呼吸能发生也是因为存在一定的酶，这时学生就可以理解原来蓝藻和消化细菌能进行有机物与能量获取是因为它们体内具备光合作用及有氧呼吸需要的色素与酶。也就是说，能否进行光合作用、有氧呼吸，其实和有没有叶绿体、线粒体这样的细胞器没有关系。

通过讲解这样的例外情况，可让学生的生物学认知结构得到扩展和优化或完善，学生也能在这样的认知过程中感受到生物学知识具有的一般性及知识的特殊性。学生以后在解决相同问题时，会具有一定的知识迁移能力，更有利于解决其他问题。

（4）通过差异性的生物实验为学生制造认知冲突。这里提到的差异性实验指的是实验获得的结果不符合学生的常规认知，这样的实验可以充分激发学生的好奇心，引起学生的兴趣。当学生发现自己的常识可能是伪常识的时候，他们就会形成非常强烈的认知矛盾。在这种情况下，学生的认知结构更容易被优化和完善。

举例来说，在讲解"细胞中的无机物"这节课的内容时，教师可利用酒精灯去烘烤晒干的大米种子。按照学生的常识，他们肯定会认为大米种子在酒精灯的烘烤下会变得更加干燥。但是，真实的实验结果是大米种子会越烤越湿润，到一定程度时，试管壁甚至会出现水珠。这种现象的出现完全不符合学生的常识，这就会激发学生的探究欲望，这时教师可以为学生讲解自由水及结合水的含义。学生对这两个概念的理解会比正常记忆单纯概念更深刻、更深入。可以说，差异性实验的结果和真实实验结果之间的巨大认知冲突为学生知识的学习提供了更强大的驱动力，使学生的探究欲望更加强烈，对知识的了解也更加深入。

（5）通过思维定势或思维障碍为学生制造认知冲突。一般情况下，学生在学习生物知识的时候不会存在太大困难，但是一旦进行知识综合测试他们的思维就会出现障碍，他们就会陷入思维定势，之所以出现这样的情况是因为线性思维的原因。学生使用线性的思维方式，这使他们始终在原来的知识框架限定之内，对知识的理解依旧处于孤立的状态，因此一旦进行综合性的测试，学生的思维就会遇到障碍，就会陷入思维定势。

想要帮助学生打破线性思维模式，教师就要制造更多的认知冲突，通过认识冲突让学生在不同的知识之间建立结构联系，让学生了解更多的非线性信息。在知识主线之外，为学生拓展其他存在联系的知识，帮助学生构建生物学知识网络，并通过知识和知识之间的相互连线为学生构建立体的生物学知识体系。只有不同的知识之间的关联增加了，学生的线性头脑才能被打破，他才能形成更优质的生物学认知结构。

（6）利用生物学史，引发认知冲突。科学史生动地记述了科学家探索科学世界的道路，展现了科学发现的历史。通过科学史中趣味史实的叙述，可以从中引出问题，激起学生的认知冲突，进而促使学生去思考、去探索。例如，在讲述"光合作用"时，教师可为学生讲述学者海尔蒙特的盆栽柳树实验：海尔蒙特取来土壤60kg，置于木桶内，然后将2kg的柳枝插入土中，连续5年只给树苗浇灌雨水。5年后，树苗长大了，树重60kg，比原来增加了58kg，而桶中土的重量仍有59.43kg。换言之，土壤仅减少了0.57kg。问：柳树依靠什么增加自身的重量和体积。教师讲述的故事说明，植物长大了，而土壤几乎没减少。然而，生活经验却告诉学生，植物靠吸收土壤中的养料来维持生命。这样，实验事实和学生的日常经验产生了矛盾，形成了问题情境，引发了学生的认知冲突，激起了学生对新学内容的浓厚兴趣和探究欲望。在教学中引入生物学史知识，讲清楚概念的来龙去脉，对学生获得科学概念具有积极的意义。教师还要把概念置于开放、动态的生物学知识学习情景体系中去，使生物学知识表征更完善、开放性更好，提高教师教学、学生学习的效率。

现代心理学认为，在课堂教学中设置认知冲突，造成认知结构的不平衡，促成原有知识结构的顺应，优化学生的生物学认知结构，可以提高学生的学习效率，使学生不容易遗忘所学的知识，更容易形成学习能力。

（五）利用动态生成资源

课堂教学是教师的教和学生的学不断地互动的过程，它是动态的，虽然教师会对课堂进行一定预设，但是课堂并没有办法完全按照教师预设的情况进行，肯定会出现一些意料之外的信息，也就是会出现动态生成资源。如果教师能将有用的动态生成资源开发出来、利用起来，那么课堂必然会变得更加高效，教学内容也会在原有基础上不断延伸，教学范围也会不断扩大，教学方法会更加适合学生，更容易达到教师的教学目的。

1. 利用"认知冲突"生成资源

在学习知识时，学生是学习主体，知识是客体，主客体之间存在认知冲突，由于认知冲突的发生，主体的心理会处于失控状态。在这样的情况下，如果新的知识能和学生原来已有的旧知识融合并被纳入一起，那么就可以称之为知识的同化。与之相反，如果新的知识不能够和原来的知识图式融合在一起，那么就要改变原来的知识图式，这一过程称作顺应。同化过程是对原有认知结构进行数量方面的补充，是在认知结构中纳入新的环境因素，但是，顺应过程会导致原有的认知结构发生质的变化，也就是说，认知结构会发生一定调整，以此融入环境中的新因素。通过同化过程或顺应过程，学生产生的认知冲突可以被解决，学生的心理又会重新回到平衡状态，学生的认知水平也会有所提升。

举例来说，很多学生认为生长素肯定会促进植物生长，特别是在学完"植物生长素的发现"这节课的内容时，植物具有的向光性会加剧学生对生长素促进作用的认知。但是，当学生开始学习"生长素的生理作用"这节课的内容时，大脑中就会出现质疑：为什么生长素会抑制植物的生长呢？这时，学生的认知已经出现了矛盾。教师为了解决学生的这个矛盾，可以向学生列举相关事实。第一个事实是：顶芽在生产生长素之后，生长素会慢慢地向下运输，侧芽附近具有的生长素浓度比其他地方要高，顶芽会比其他的部位优先生长，但是侧芽与之相反，它的生长会受到抑制。第二个事实是：如果在适合的条件下把幼小的植株横着摆放，那么一段时间后，茎会弯曲并且向上，但是根部会弯曲，并且向下。

学生原来的知识基础没有办法马上接纳这样的事实结果，教师在陈述这些事实后，学生脑海中的认知冲突会更加激烈，学生会呈现出一种"愤悱"的状态。这时最有利于新知识的输入，因此教师应在这时呈现给学生"生长素浓度与所起作用的关系"图，学生利用之前的知识读取图示当中的知识，综合之后，学生就会有一个清晰的认知——在某一范围内，如果生长素的浓度提高，那么植物的生长会得到明显促进，但是如果超越了这个范围，那么生长素浓度的提高会对植物的生长产生抑制作用。此外，植物的器官不同，对生长素产生作用的敏感程度也有差别，同样的道理，相同的生长素浓度作用在不同的器官时形成的效果也会不同。学完这些知识后，再让学生思考之前的两个事实，学生就会产生明显的认知变化，这就说明学生的认知结构已经变得更加完善。这时，教师可以向学生普及生长素具有的两重性特点：在较低浓度时，可以对植物生长产生促进作用；在较高的浓度时，会抑制植物生长。

2. 抓住学生"提问"生成资源

建构主义理论指出，学生知识的获得需要学生主动构建，如果只是被动地向学生输入信息，那么没有办法获得知识，学生获得的知识都是学生自己利用已有经验慢慢吸收的。因此，对于学习来说，学生才是主体，学生才是最重要的部分。学生在学习过程中进行的提问、发表的意见都属于"活资源"，而且学生的想法和问题可能是教师没有预料到的，可能会打乱之前的教学预设。但是，如果教师可以充分地将这些"活资源"利用起来，则可以更好地扩展教学内容。学生提出的问题是基于他在课堂中学习到的知识，如果教师可以在学生提问后再安排教学内容，那么教学效果要好很多。虽然学生提出的问题会对教师原来预设的教学过程产生一定影响，但如果教师可以结合教学资源，为学生答疑解惑，那么教学目标将会以更快的速度达成。

3. 捕捉学生"认识错误"生成资源

学生不可能完全不犯错，如果可以将学生犯的错误充分利用起来，那么错误也会成为教学资源。教师应引导学生自主发现错误、改正错误，改错的过程也是学生思考能力提升的过程。教学过程不必刻意规避学生的错误，必要时利用错误还可以养成学生自主探究的习惯，学生学习一定避免不了错误，教师要做的就是进行正确的引导。

4. 活用"突发事件"生成资源

课程不能机械化地按照教师的预设进行，必须结合实际情况进行教学流程的调整，让课堂是动态的，而不是刻板僵化的。

生物教学过程中也会出现突发事件，教师能否正确处理突发事件主要受到教师应变能力的影响，如果教师可以因势利导，那么就可以最大限度地降低突发事件带来的不良影响，还可能收获非常意外的教学效果。教学中如果出现了这种可利用的生成资源，教师应充分地将其利用起来，巧妙借用可以让教学过程出现新的闪光点，也可为课堂带来更多的活力。

（六）组织学生有意义学习

学习是否有意义，取决于新知识与学生已有知识之间是否建立了联系；学生认知结构中新旧知识的相互作用促进新旧知识的同化，不仅使新知识获得了意义，而且使旧知识也因得到了修饰而获得新的意义。有意义学习的心理过程，实质上是学生积极主动地对教师所传授的知识进行选择、理解、整合和内化的过程，并在这一过程中使新知识纳入自己原有的认知结构之中，以达到对新知识的理解和掌握。

1. 设计适当的先行组织者

组织者的主要功能是在学习者能成功地完成手头任务之前，在他已有的知识与需要了解的知识之间架设一座桥梁。在高中生物学教学中，教师可以设计适当的先行组织者，降低学习的难度。

例如，在学习《生态系统的稳定性》时，很多学生不能分辨抵抗力的稳定性和恢复力的稳定性之间的差别，不明白"抵抗外界干扰"和"受到外界干扰破坏后恢复到原状"，干扰到哪种程度属于破坏。教师可列举一些生活中的经验做类比来帮助学生理解，如甲同学很少生病，就是抵抗力比较强；乙同学经常生病，但很快就好了，就是恢复比较快。这个类比的例子就是先行组织者。

2. 依据知识发生逻辑组织教学

学生根据生物知识之间存在的逻辑关联展开学习就是在利用已有的生物知识去结合新知识，就是在进行意义学习，教学讲究循序渐进。因此，教师应该从学生的"最近发展区"出发，为学生提供存在一定认知发展顺序的知识。举例来说，在学习"植物细胞工程实际应用"这个内容时，教材中编排的五个应用方面并没有密切的关联，这会导致学生感觉知识是凌乱的，没有办法吸收知识。这就需要教师重新设计，教师可以把植物组织培养当作教学主线，然后将其他的知识点按照逻辑关系编排进去，帮助学生构建意义学习。

3. 将事实性知识转化为逻辑性知识

高中生物学知识中也有一些术语性知识或要素性知识，需要学生进行机械化的记忆，如化合物的名称、各种生物符号等，这些知识很难找出它们之间存在的逻辑关系，但是机械性的学习产生的价值又比较低。根据意义学习理论，在学习这类知识时，如果可以赋予这些知识一些新的含义，那么将能够在一定程度上促进学生进行意义学习的建构。

例如，高中生物学许多实验都要用到酒精，为了帮助学生有效掌握这些酒精的使用方法，教师可结合学生已有的化学知识帮助他们将酒精在生物实验中的作用归纳为四个方面：①有机溶剂；②固定剂；③消毒剂；④燃烧剂。在这个基础上，再帮助学生记忆，就会事半功倍。

4. 将新知识进行多重编码

多重编码理论指出，使用多重编码去处理新的信息，那么以后在提取这类信息时，将会有更多线索可以依照，也更有利于学生的记忆，从多个角度阐释新的知识，可以让学生把新知识和其他更多的知识进行关联运用，有助于学生对知识的理解和加工。

举例来说，在学习"物质的跨膜运输"时，学生应该先掌握渗透概念，但渗透又是全新的概念，学生的理解会存在一定困难，这时就可以运用多重编码理论。具体的教学设计如下：

（1）动码（动手操作）：让学生做"洋葱鳞片叶外表皮质壁分离和复原"的实验，引导学生观察实验现象。提出问题：哪些情况下细胞失水；哪些情况下细胞吸水；和细胞内外溶液浓度是否有关。

（2）形码（生物简图）：阅读课本的渗透现象示意图，并对渗透装置与植物细胞进行比较。

（3）意码（关键概念）：给出渗透作用的一般概念，水分子（或者其他溶剂分子）通过半透膜，从低浓度一侧向高浓度一侧渗透的现象。让学生总结"质壁分离与复原"实验现象。

（4）声码（听和读）：将渗透作用总结为"水往高处流"五个字，帮助学生记忆。

上述的教学设计从动码、形码、意码、声码这四个维度，对渗透作用这一新知识进行编码，揭示其本质属性，激活学生已有认知，使其获得对这一主题的实质性理解，促进有意义学习的发生。

5. 从系统的高度传输知识

在教学中，教师应着眼于知识之间的联系与规律，着眼于生物学思想方法的渗透，让知识、思想方法总是以系统中的各个环节的面貌出现在学生的面前。

如果教师能站在系统的高度传输知识，那么学生也就能站在系统的高度去接受和把握知识、掌握知识之间的联系与规律。这样可以增加"知识组块"，帮助学生形成良好的认知结构。学生遇到问题时，可从长时记忆中激活和提取知识，从而能有计划、有谋略地思考，进而解决问题。

例如，在学完模块二《遗传和变异》后，可以在复习时，将整个模块作为一个系统向学生做一个归纳，帮助学生理解教材的内在逻辑关系。让学生意识到："基因"是贯穿整个模块的线索，遗传从本质上说是基因的代代相传，可遗传的变异从本质上说是生物体基因组成的变化，进化过程中物种的形成从本质上来说是种群基因频率在自然选择作用下的定向改变。这样的方法，还能帮助学生更加深入地理解个体水平、细胞水平、分子水平遗传学知识的内在逻辑联系。[1]

---

① 黄玮. 高中生物结构化教学［M］. 广州：华南理工大学出版社，2019：1-9.

第二节　高中生物结构化概念教学与技巧

一、高中生物结构化概念教学

（一）高中生物迷思概念教学

建构主义理论认为，学生总是以已有的知识经验为基础来构建对新知识的理解，不同学生对同一概念可能会有不同的理解。在学习中，学生可能记住了科学概念的定义，但没有真正理解科学概念的实质，存在着一些模糊甚至是错误的认识。我们把学生头脑中存在的与科学概念不一致的认识叫作"迷思概念"。

1. 迷思概念的因素

（1）生活媒体因素。生活与生物学之间存在着紧密的内在联系，其中，生活经验就直接决定了生物学的迷思概念。在以日常生活概念作为切入点来解释生物现象时，可以出现模糊的、不准确的，甚至是不一致的概念，但要力求做到满意。与之不同的科学概念，则更加强调对现象作出完美解释和预测，在实现这一目标方面，就需要确保科学概念的不确定性达到最小，同时精确性、一致性和概括性最高。由于以日常生活概念和科学概念分别作为切入点解释生物，会得出不同的结果，因而加大了学生在认知和元认知科学概念时的难度，更引起了学生的迷思。如很多人有淀粉不是糖的认知，就在于糖是甜的，而淀粉不是甜的。

学生的日常生活与社会交往中充斥着大量的科学知识和生活经验，除了他人的知识和经验分享，大众媒体在知识和经验传播方面也发挥着重要作用。尽管从科学性的角度来看，这些知识和经验信息大多良莠不齐，但与学校科学教学相比，这些传播方式的影响更加广泛。举例来讲，当接收了大量的小说（如金庸小说）、影视剧（如《水浒传》等）传播的信息后，就会形成一种理所应当的认知——喝酒可以驱寒。同时，结合日常生活经验，这一点认知也得到了有效验证，即酒精进入人体后，会使交感神经处于一种兴奋状态，会加速机体的代谢活动，从而释放出一种能让人觉得温暖的能量。尽管如此，这种认知还是在无形中加大了人们对"人体体温调节机制"的学习难度。由于喝酒驱寒只是暂时性地释放能量，让人感觉到温暖，但这种"温暖"会随着血管的扩张而消散，从而影响体温平衡。

（2）学习环境因素。一些教师本身存在迷思概念，当教师的迷思概念和学生的知识经验相互作用时，学生理解科学概念会变得更加困难。在教学中，有时由于教师的教学语言不够严谨或教材提供的实例不够全面，常常导致新的迷思概念或强化学生原有的迷思概念。

例如，在学习"物质跨膜运输的实例"一节课时，课本描述"植物细胞的原生质层相当于一层半透膜""细胞膜和其他生物膜都是选择透过性膜"，倘若教师此时没有强调半透膜和选择透过性膜的区别，就会有学生分不清楚半透膜和选择透过性膜。

（3）个人认知因素。受有限知识储备的影响，在内容推理或字义明确上很容易出现错误，或不切实际地进行想象与混淆，学生在解释生物概念和现象过程中得出的片面化结论与误解就是最直接的结果，而这种错误认识的直接后果就是学生迷思概念的形成，这恰好也对学生的学习造成了极大的障碍。倘若无法及时有效地纠正这些迷思概念，就可能在一定程度上影响和制约生物新知识在学生头脑中的同化和顺应，这引起的直接后果便是学生对新知识意义的理解偏差，因此必须纠正学生的错误思维，提升生物学学习的效率和质量，使学生发自内心地生出对生物学学习的浓厚兴趣。举例来讲，作为染色体变异中一个极重要的概念，单倍体的概念只在学生头脑中形成了极为片面的印象，也就是说，单独的一个染色体是构成单倍体细胞整体的唯一部分，而部分个体却呈现出三倍体结构，这主要是由于其发育基础是普通小麦（六倍体）的花粉。

对再认和回忆个体来讲，具有较高外表相似性的概念始终是一个极大的干扰因素，同时，这也是对个人认知具有较大影响力的要素。对学生的理解而言，相似的材料也容易使思维混淆。因此，具有较高外表相似性的学习内容也是学生形成生物迷思概念的重要诱因。例如，基因频率和基因型频率、单倍体和单倍体基因组、传染病和遗传病、生长素和生长激素、轴突和树突、神经纤维和神经末梢、尿糖和糖尿病、生殖细胞和性细胞、遗传信息和遗传密码等。

2. 迷思概念的教学

（1）通过认知冲突的引发，鼓励学生的认知顺应

在约瑟夫的认知中，概念转变教学是一个循环和动态的过程，构成这一过程的要素主要包括四种：①学生对个人认识和理解的描述；②新认识和新理解的建构过程；③新理解与新认识的应用；④对比新、旧两种不同属性的认识和理解。

在大多数人的认识中，生产者角色均由植物"扮演"，消费者角色均由动物"扮演"，分解者角色均由细菌"扮演"，但其中的个例往往被忽视。在这种情况下，就需要激发学生全新的认知冲突，即菟丝子是植物，所有的植物都是生产者，生产者都是自养生物，那么菟丝子是自养生物吗？菟丝子是生产者吗？通过这两个相关问题的提问，可以引发学生的深度思考，从而以对不同概念产生的新理解来完成认知顺应的过程。当认知冲突和认知顺应的过程频繁发生、反复训练后，学生就可以得出上述问题的正确答案，即菟丝子是一种寄生植物，属于消费者范畴，而分解者通常包括蜣螂等动物，生产者包括蓝细菌，这样就可以提升学生形成科学概念的有效性。

（2）利用多种教学手段，帮助学生辨明概念

① 调动已有知识同化理解新概念。当人的大脑中既存在新概念，又存在旧概念时，就需要调动人的思维能力建立起新旧概念之间的联系，并进行比较，从而在大脑中的已有知识结构中找到新概念的最佳位置，与原有知识相互补充和渗透形成一个完整的全新的大脑知识结构，这种消化和吸收的过程即为同化。高中学生的知识结构较为简单，同化新概念的能力也有待进一步加强。因此，在最大化调动学生已建立的知识体系的基础上，教师需要引导学生调整个人的思想认知结构，加强学生对新旧概念的理解，也就是对新概念的同化理解。以"蛋白质工程"内容学习为例，在完成对蛋白质工程崛起缘由、基本原理和流程等新知识的同化时，学生可以调动头脑中那些关于杂交育种、基因工程、中心法则和较为复杂的蛋白质空间结构的记忆，从而发挥已有知识结构对同化过程的促进作用。在此基础之上，经过反复的反馈练习，可以使学生对蛋白质工程的理解更加深入和全面。

② 进一步加强直观教学。"直观教学"就是以使学生更加全面、更加深刻地理解和掌握知识为目标，通过逼真描绘具体事物、具体现象或亲身实践等途径来激发学生的感性认识、获得生动形象的教学过程。将直观教学方法应用于生物学科教学中，可以在加深学生对教学内容的理解，进一步提升教学质量，以及迷思概念的消除方面发挥重要作用，这在将现代教育技术融入生物教学的实践活动中效果较为突出。

由于很多学生在日常生活中无法直接接触或观察到的微观重点问题和抽象难点问题，都会在生物教材中作为丰富的知识点出现，传统教学手段在强化学生理解、提升教学效果方面的作用并不明显，因此，就需要多媒体课件教学来充分展现教学难点。具体来讲，就是通过形象化、可视化的视频、动画、图片、色彩、声音及文字内容等形式实现知识难点由繁化简、由难化易、由抽象到具体、由微观到宏观的转变。在生物教学中渗透多媒体教学手段，可以在很大程度上有效减少或避免迷思概念。比如，通过电脑动画演示神经元之间的兴奋传递时，学生可对兴奋传递的完整过程有较为直观的认识和了解。通过形象化地感知这个过程，很多相关的生物概念（如受体、突触间隙、突触后膜、突触前膜、突触等）也会在学生头脑中形成清晰的认知。

③ 对概念的外延和内涵进行准确把握。严密的科学性是生物学概念的基本特征，因此，使学生能对概念的外延和内涵进行准确把握应当成为概念教学的重点。只有这样，才能消除迷思概念的顽固性，提升概念实质掌握的准确度。以下解剖方式经常会用于生物教育的概念外延中：

第一，咬文嚼字理解概念。以植物激素这种微量有机物的概念为例，植物体是植物激素产生的根源，通过向作用部位的运送来促进植物的生长发育。这里的"影响"就具有双重属性，即抑制性和促进性。

第二，对概念进行要点分析。分析概念所阐述的要点是讲解某一概念的前提，在此基础上才能分解概念的众多小问题，而后让学生根据这些罗列出来的小问题，结合教材，找到正确的答案，并在提问之后总结这些要点之间的联系。通过这样的过程，学生对理论的掌握也实现了升华，即由理论上升到实践。

第三，为了浓缩概念，同时使概念的实质得到进一步显现，要突出关键词。对细胞周期的概念进行浓缩，可将其实质概括为第一次分裂和第二次分裂两个过程。同理，由两次细胞分裂、一次染色体复制和子细胞染色体数目减半过程构成的"减数分裂"则可以简化为"两次、一次、减半"。再比如，从本质上来解释自由组合和遗传分离规律时，可引导学生重点理解和掌握该理论的纲要，也就是"等位基因相互分离，非等位基因相互自由组合"，这两个基本规律的核心即可为学生掌握。

（3）使用图表完善学生的认知结构

第一，运用表格加强对比。作为一种通过比较和分类给定材料，以达成提升学习效果目的的重要工具，图表将一些相对复杂的信息放置于一个有内在联系的模式中，从而为学生的理解提供了极大便利，也使学习进程更加有序化。因此，将比较图表应用于教学活动中，可以提升学生精加工策略的应用效率，在对比科学概念的联系中，排除一定干扰和混淆效果的迷思概念，抽丝剥茧后获得全新的正确认识。

第二，进行整理归纳。在生物学学习中，概念的数量会随着知识的不断积累而不断增加，对学生来讲，区分和记忆越来越多的不同概念显然存在一定难度。基于此，就需要对学生进行概念整理归纳和分类记忆的训练，以促进学习效果的显著提升。从教师的立场上首先明晰学生已有的前科学概念是生物学迷思概念转变教学的首要要求，在此基础上，以具体科学事实对学生进行说明，以引导学生正确看待自身尚且不足的原有概念，并积极促成学生的认知冲突，从而确保学生全面、精准地理解科学概念时有正确科学的教学方法可以参考。

第三，构建知识概念图，注重概念间的联系。建立新的知识系统，并不意味着整个概念转变过程的结束。相反，学生还应懂得新知识系统的运用，并以此为基础，能推断出新的定论、解释和预测。只有这样，才能看作是整个概念转变过程的结束。对学生迷思概念转变情况的了解，以及在此基础之上完成的方案设计，是实现学生迷思概念转变过程的必不可少的重要环节。从效果上讲，较好的一种方法是以促进学生的及时反馈为目的，让学生编制概念图。

作为一种可视化的思维结构图，概念图集中反映了学生对相关概念之间关系的理解，以及学生头脑中建立的认知结构。同时，作为一种知识组织和知识表征的工具，它也是学生理解某一领域知识的直接体现。在教学过程中应用概念图知识，可以甄别和分辨学生对知识的错误概念、知识薄弱部分及错误的理解，也可以便利教师客观评价学生对知识的理解和掌握程度。倘若对概念的认知并不明确，也无法厘清概念之间的内在联系，就会在很大程度上加大学生将概念组织成层次清晰、关联准确的概念图的难度。概念图的制作就是既能对学生所学知识发挥促进作用，又能引发学生深入思考的最佳途径。针对同一组概念制作概念图的过程，对学生来讲，就是其深度学习的过程，因为概念图可以在学生头脑中对相关概念有关的认知结构和理解形成直观且精准的反映。

（二）高中生物认知同化论概念教学

想要理解生物知识，培养学生形成生物学习能力，那么必须先理解生物基础概念，并在理解的基础上掌握这些概念。在生物教学过程中，向学生准确地传达生物概念并确定学生对概念的掌握程度至关重要。传统学习方法中，学生是靠硬性记忆和背诵来学习生物学的概念，并没有真正掌握生物学概念所具有的内涵及外在延伸知识，这就导致学生无法将知识迁移到实际中，没有办法将其应用到社会生活中。奥苏贝尔提出的认知同化论为生物教学添加了活力，可以提高教学效果，改变传统的教学方式。

1. 认知同化论的理念

认知同化理论认为，学生能否习得新信息，主要取决于他们认知结构中已有的有关观念。当新信息与学生认知结构中已有的有关观念相互作用时，这种相互作用就会导致新旧知识意义的同化。奥苏贝尔的有意义学习一般条件为：①学生认知结构中具有同化新知识的适当知识基础；②要学习的新知识本身具有逻辑意义，能与学生认知结构中的有关知识相联系，在适当的条件下能被学生同化到其认知结构中去；③学习者有意义学习的动机，有将新旧知识联系起来的愿望。根据新旧知识的三种不同作用关系，可将学习分为下位学习、上位学习、并列结合学习三种同化模式。

2. 认知同化论的概念教学

（1）为学生提供合适的范例，让学生更好地形成上位概念。高中生物知识一般情况下概念都比较抽象，且概念的范围比较广，基本都属于上位概念。学生是否可以形成上位概念会直接对学生接下来的学习效果产生影响。上位概念的学习需要依赖相同事物中其他范例的对比、分析、比较，通过这个过程，才可以归纳总结出事物具有的本质属性。如果想要形成上位概念，那么需要学生原有的知识当中包含同一事物中的下位概念，这是形成上位概念的内部条件；形成上位概念的外部条件是教师需要提供外部帮助，通过举例子的方式，促进学生将原有的下位概念转化成上位概念。通过对比多个下位概念，进行由个别、具体到普遍、抽象的概括之后，学生就可以发现同一类事物具有的基本属性，也就形成了上位概念。举例来说，"遗传""相对性状"和"新陈代谢"等都属于上位概念的范围。

在对上述概念的教学时，可提供适当的范例，丰富学生的表象。提供范例的方式可有多种，如实物、模型、实验、课件等。例如，在形成"内环境稳态"概念时，可先通过一些实际的例子让学生了解内环境稳态的一般概念：

第一，每个小组派一个学生为代表，教师用红外线体温计为其测量体温，并把数值告知大家，让学生分析比较各个数值之间有哪些异同。

第二，教师用实物投影仪展示医院的几张血浆各项成分的化验单，让学生分组讨论问题：每种成分的参考值（正常值）都有一个变化范围，这说明了哪些内容；从化验单上看，每种成分的指标是否正常；超出正常范围，会出现哪些情况；健康人的血浆成分测定值是怎样的。

第三，让学生做实验：把0.1mol/L氯化氢（HCl）［或氢氧化钠（NaOH）］一滴一滴地分别滴入装鸡蛋清（模拟人体内环境）的烧杯和装等量清水的烧杯中，用酸碱度（pH）传感器分别测量其数值变化，让学生分析两个烧杯数值变化的不同点。

第四，让学生根据前面的实例总结"内环境稳态"的概念。学生很快总结出：①稳态不是恒态，而是相对稳定的一种动态变化；②这种动态变化保持在一定范围内；③稳态是机体进行正常生命活动的必要条件。

上述在教学中提供直观的材料，教师逐渐深入地引导提问，顺应了学生的逻辑结构，让学生觉得抽象的概念学习并不是想象中那么枯燥，从而能有效地激发学生的学习动机，使学生理解概念的内涵，让学生在学习过程中得到发展，消除头脑中原本存在的错误的前科学概念，形成清晰的、稳定的、概括的新概念。

（2）通过已经掌握的概念实现下位概念的同化。概念同化是指学生利用之前构建的有关概念的认知结构去学习和吸收新的概念，并在新的知识和旧的知识中构建联系，然后利用新旧知识之间的联系将新的知识和概念更好地吸收到认知结构中去。举例来说，学生在掌握了基因概念之后，可以更好地理解等位基因、显性基因、隐性基因、基因突变、基因工程等相关概念。再比如说，学生掌握了性状这个生物概念之后，可以更好地理解性状分离、显性性状、相对性状等相应的概念。

学生在进行概念同化的时候，如果其原来认知结构中掌握的概念是清晰的、牢固的，那么其他下位概念的概念同化就会很顺利，而且这种迁移能力也有助于学生对规则的学习。举例来说，通过减数分裂的学习，学生可以知道同源染色体分离之后，染色体上的等位基因也会分离，并且通过这种分离现象总结出基因分离规律。学生在掌握这一上位规则之后，教师在进行伴性遗传内容的讲授时，只要告诉学生影响伴性遗传的基因同样也是存在于性染色体当中的即可。由于性染色体也属于同源染色体，这样学生就可以迅速地将基因分离规律应用在伴性遗传中。学生进行知识迁移的主要思路是：由于一对同源染色体中的基因会随着染色体的分离而分离，因此，作为特殊同源染色体的性染色体中的基因也会由于染色体的分离而分离。

除此之外，概念同化还存在另外一种表现形式，那就是学生原有的知识和新的知识之间只是相关联，并不会从原有知识中派生出学生要学的新知识，但是，新知识的学习可以让学生原来掌握的概念的内涵变得更加深刻。如学生最开始认识染色体后，在接下来学习常染色体或性染色体时，虽然没有办法根据染色体这个概念衍生出常染色体或性染色体，但是，因为存在相关性，所以都被看成是和染色体概念有关的概念，在这样的情况下，学生对染色体形成的认识就会更加深刻。当学生继续学习到染色单体、非同源染色体、染色体组这些概念时，原来的染色体概念也会继续扩大范围，不断纳入众多相关性概念。由于新概念都属于原来染色体概念的下位，因此可以把这样的概念同化称之为相关的下位学习。

高中生物学中的相当一部分概念学习都属于下位概念的同化。例如，变异→可遗传的变异→染色体变异→染色体结构的变异→易位；演替与初生演替、次生演替，体液调节与激素调节，生态系统与生物圈等，前者均为后者的上位概念。

（3）并列结合关系概念需要进行充分整合与区分，避免混淆情况的出现。并列结合关系概念是具有一些相同特性的相关概念，这类概念的学习最容易出现混淆的情况。这些概念无法借用学生过去的知识总结或概括得到，它也没有自己关联的上位概念，因此需要用学生的认知结构去重新构建、重新组合。在构建并列概念的时候需要依赖两个条件：首先，内部条件，学生要自己将相关概念比较、区分；其次，外部条件，也就是教师，教师应帮助学生更好地区分这些概念，避免出现混淆情况。在高中学习阶段，生物学中涉及的并列结合关系概念主要有：真核细胞、原核细胞；光合作用、呼吸作用；有性生殖、无性生殖等。教师教学时涉及这些概念的时候，应将这些概念整合与协调，避免学生出现混淆的情况。经常使用的方法有列表法、图示法，这样的方法可以清晰地表现出不同概念之间的相同点、不同点，更有助于学生消除混淆。

综上所述，可以发现上位学习、下位学习及并列结合学习需要的学习条件是存在差异的，而且学生原有知识和新知识之间的结合过程也存在巨大的不同。学生在学习时，针对不同的学习关系应选择合适的新旧知识之间搭建联系的方式；教师在概念教学时，应考虑到学生原来认知结构所处的水平，并为学生提供直观性更强、更具体的示例，让学生更好地将新概念和原有的认知结构结合，也就是让学生更快地建立新旧知识之间的关联，尽快完成认知结构的更新和完善。

（三）高中生物概念表征教学

通过多种方式的应用，学生从自己的经验中获得的知识、认知才得以进行，理解知识如何应用的前提是理解它是如何在人脑中表征的。因此，恰当的概念表征对生物学概念的理解至关重要。

1. 概念表征的界定

概念表征是概念在人脑中的存储和组织形式，即概念在人脑中的呈现方式。就生物学概念的学习而言，不能只停留在对概念的形式定义进行机械灌输，而要让学生围绕概念建立恰当的心理表征，从而理解和灵活运用概念。因此，建立恰当的心理表征是生物学概念理解的核心和关键。如"稳态"概念，因其复杂特征导致学生很难理解该概念。其实，理解稳态的关键是理解"相对稳定"的特征，是在不断调节中所达到的一种动态平衡。如果能让学生建立起"相对稳定"的心理表征，就能轻而易举地理解该概念。

2. 概念表征的教学

高中要学习的生物概念多种多样，概念不同使用的概念表征形式也应该是不同的，主要涉及以下几种表征类型：

第一，言语表征。在生物学知识的学习过程中，言语表征是最为基本的一种形式，最常见的形式就是命题。命题的抽象性非常强，它就相当于人思想当中的一个独立观点。因此，学习这样命题需要让学生理解概念背后的含义，而不是只停留在表面意义上。举例来说，生物中对群落进行的定义是某一时间范围内在某一个区域中所有生物种群的集合。学生在理解这个生物概念的时候，应该掌握以下几个方面的信息：首先，群落是有固定的区域范围的，如一片草原、森林等；其次，群落当中包含所有生物，也就是说在这个区域范围内不管是动物还是植物抑或是微生物都属于群落当中的生物；再次，群落最终落脚于集合，因此它不仅仅限于不同生物之间的简单搭配，还涉及不同生物之间存在的内在关联，或者是物种之间的相互关联，它是整体性非常强的一个概念；最后，超出时间范围后，在无限延长的时间推移过程中，种群当中所有生物的种类或数量也会不断变化。为了让学生更好地记忆概念，可以为学生寻找关键词，让学生通过关键词调动对概念的记忆。例如，群落概念中可以画出的关键词主要有"集合""一定"及"各种"。

第二，原理定向表征。指的是利用生物学原理、生物学规则或生物学定理表示生物学概念。原理定向表征的方式最初由奥苏贝尔提出，这和他非常著名的"先行组织者"理念有关。他指出概念的学习应该由教师事先为学生提供引导材料，先让学生了解引导材料，然后在学生建立起一定知识框架之后，再学习概念，这样可以让学生更好地掌握概念。

第三，表象表征。生物中涉及很多微观的物质，如细胞、细胞当中的各个细胞等，这些物质都是非常小的，但是生物学中的宏观现象的解释又离不开这些微观过程，教师如何让学生更好地从宏观到微观进行过渡是教学中的主要难点。一般情况下，教师会利用图片演示、实验、模型或比喻的方式为学生搭建宏观和微观之间的桥梁，让学生在脑海当中形成更为合适的表象表征，以此更好地理解概念。

第四，概念网络表征。人的大脑会对信息进行整合，如果信息属于同一主题或属于同一类别，信息之间存在关联，那么经过大脑的整合就会形成一个信息网络。高中生物概念的特点非常多，且概念之间的联系比较松散，这让学生感觉生物学习是很困难的。教师应注重为学生构建概念之间的关联，让学生构建自己的信息网络。教师可充分利用概念网络图的方式，让学生更好地记忆知识。概念网络图中不同知识之间的关联有非常明确的标识，学生可以通过概念网络图的方式整理相关知识，建立概念之间的联系，教师在构建概念网络图时，除了新学习的概念外，也要适当加入有关联的原有知识。

第五，图示表征。图示是人的大脑对事物特征进行概括和总结后形成的有组织的知识结构，其中包含了大脑对客观环境的认识、对事件信息的认识。生物学学习的过程中，一整块知识的学习可以使用这种方式，在图示表征当中可能涉及符号，可能涉及命题，也可能会包含表象和言语，总的来说，是一种更加综合的表征形式。图示表征可以让知识以网络化、结构化的方式呈现出来，不同知识之间的关联非常紧密。在图示表中的基础上，学生还可以推测未知的知识，这种方式的使用非常有助于学生对概念的学习和理解。

总之，不同的概念在大脑使用的储存方式不同，不同概念的特征也是不同的，教师应合理运用合适的概念表征方式，让学生掌握概念、理解概念，并顺利地将概念应用到解决实际问题的过程中去。需要注意的一点是，这些表征方式之间没有绝对的壁垒，一个概念的教学可以综合运用多种表征形式。

（四）高中生物概念图教学

奥苏伯尔提出"为迁移而教"的理论，该理论认为培养学生塑造良好的认知结构是目标的实质。概念图有助于学生系统地学习生物知识，能帮助学生掌握知识结构，提高学生的学习效率。在课堂讲授过程中，教师合理利用概念图，能帮助学生进行知识迁移。

1. 概念图增加学习材料之间的共同因素

要想实现知识之间的迁移，就必须找到不同知识之间的共同点或相似之处。在学习过程中，由于这些共同点都在知识的内部，这就要求学生具备辨别能力才能发现它们。教师在这个过程中的作用非常关键，教师可以指导学生通过练习充分认识认知并发现不同知识之间的共同点或相似点，培养学生能找到知识共同点或相似点的能力。概念图就是能帮助学生找到知识之间共同点或相似点的非常实用的工具。概念图通过寻找共同因素而绘制，这样就能达到知识正向迁移的目标。高中生物教学中有很多例子，如生态系统的结构和能量流动模型、体液免疫和细胞免疫过程、蛋白质分子和核酸分子构成和碳循环模式图等。

2. 概念图增强学生对材料的理解程度

现代认知理论提倡有意义学习，有意义学习不同于机械学习，它更重视对知识的理解，理解有利于对知识的记忆和应用。如对知识有充分理解，即使知识改变了，学生也能认出它。因此，知识能否顺利地应用和迁移依赖于学生对知识理解程度的深浅。学生理解了知识之间上位和下位的关系后，在学习过程中，就能在知识结构中找到相应的位置，有利于学生对复杂概念的理解。同化论的观点，对教师的教学有指导作用，教师可以指导学生进一步理解知识，帮助学生实现对知识的迁移。

在教学过程中，很多概念在教师和学生的大脑中都是以隐性的方式存在的，概念图能将其显性化。概念图将知识之间的关系直接呈现给学生，让学生一目了然，学生在学习过程中对知识的认知更清楚、充分，使学生更容易领会知识的内涵，学习效率也会显著提升。以"遗传的基本规律"教学为例，出现的概念较多且关系复杂，教师指导学生厘清概念之间的关系并制作出概念的关系图，学生会充分认识概念，还能弄清楚概念之间的关系，在制作概念图的过程中，能产生知识的迁移，有利于对学生整体思维的培养。

3. 概念图提高学生的分析和概括能力

能否产生迁移的关键因素在于学生概括能力和分析能力的高低。有的学生分析和概括能力较强，他们能以学过的知识为基础分析难题，剖析问题背后的知识，将旧知识与新知识联系到一起，自然会产生知识迁移。

生物学知识的特点就是零散，不同的章节都会包含较多的原理和概念。概念图恰好能将这些零散的知识串联起来，教师通过概念图将课堂上讲的知识点串联起来，还可以将整节或整章的内容都展现给学生，可以起到提醒的作用，避免教师在授课过程中遗忘了某个知识点，有利于教学的有序进行。将知识串联起来的概念图能帮助学生从整体上掌握不同的概念，进一步理解概念之间的关系，掌握主次和重难点。

4. 概念图引起学生的迁移心向

在日常学习过程中，学生在学习前会有心理准备，这种现象被称为"心向"。"心向"是把"双刃剑"，有时对学生的学习有利，有时则相反。因此，教师要为学生选择正确并合理的学习方法，帮助他们实现知识的正向迁移。

5. 概念图提高认知结构的清晰性与稳定性

学生以往的学习观念具有一定的清晰性和稳定性，对有意义学习和保持的重要认知结构变量具有很大影响。学生学习新知识时，他们认知结构中以往的观念会得到进一步巩固。原有知识的清晰性和稳定性对学习新知识有很大的帮助。以往起固定作用观念的清晰性和稳定性，可以通过纠正和反馈的学习方法加以改变。

"减数分裂"知识中包含很多复杂的概念，其中有部分概念可能会与"有丝分裂"混淆。教师要将容易混淆的概念进行对比，如染色体与染色单体、染色体与染色质、同源染色体与四分体、染色体与同源染色体等，将容易混淆的概念列出后，再用箭头或标线将有关系的概念连接，将线段连接的概念进行分析、解释和标注，最终绘制成概念图。通过这种方法，学生能区分容易混淆的概念，找到二者的相同点和不同点。学生制作概念图的过程，就是充分学习新旧知识，将以教师讲授为主的被动学习转变为以学生主体的主动学习的过程，既学习了新的学习方法又掌握了重点、难点，还能完成知识的正向迁移。

在学习新知识时，运用旧知识学习的过程称为知识的迁移。构建主义学的理论认为，只有完成新旧知识的整合，才能将新知识学懂、记牢。概念图能将零散的知识点汇总到一起，并向学生展示各知识点之间的关系，这样对学生实现知识的正迁移具有积极的作用，能帮助学生理解知识，使学生的学习效率和教师的课堂效率都有显著提高。

（五）高中生物构建知识网络概念教学

知识网络是指学习者把所学的概念、原理、规律、方法等知识，按一定的方法和程序联系起来，构成的一个学科知识体系。在高中生物学教学中，师生共同构建知识网络，能有效改变学生的认知结构，增强学生对知识的理解，切实提高教学效果。

1. 构建知识网络教学的优点

（1）有效克服遗忘现象。许多学生感到生物学知识零散、繁杂、难记。究其原因，往往是他们在学习生物学知识时没有厘清线索，未能掌握生物学知识间的内在联系，只能将生物学知识混乱地堆放在他们的头脑中。简单堆积在一起的知识最容易相互干扰，不利于学生对知识的理解、记忆和提取。通过构建知识网络，可以将相关知识有序地组织起来，形成知识的网络结构，在理解的基础上进行记忆，可以有效克服遗忘现象。

（2）加强知识系统的整体性。知识网络是由各个知识点按照一定的逻辑关系构成的整体，每个知识点在其中都有特定的位置。知识点可通过不同的维度与其他知识点相联系，两个知识点间也可以有多种联结方式。通过构建知识网络，使零散的知识结构化、条理化、系统化，使学生的思维能更上一层楼，站在一个新的角度来俯视整体的知识，在理解问题、解决问题时能从多个方向寻找问题的切入点，教学效率将得到最大程度的提高。

（3）实现新旧知识的同化。有意义学习的心理机制是同化，学生能否习得新信息，主要取决于他们认知结构中是否存在有关概念和新概念之间的相互作用。学习的过程就是概念网络的构建过程，是学生不断将新内容增添到已有知识网络上，把新知识和原有的概念联系起来的过程。网络的构建是一个从简单到复杂的过程。随着学习的不断深入，新的知识点可不断进入原来的网络中，知识点之间的联系会更广泛，网络的内容会更加丰富。

2. 构建知识网络教学的方法

（1）穿线连珠法。以某一生理过程或现象为线，把相关的知识串联起来，形成知识链。这也是形成知识结构的一种重要方法。例如，高中生物光合作用的光反应和暗反应、呼吸作用、细胞内的能量通货——ATP等几个内容就可以以能量流动为主线穿线连珠构建于一个知识结构之中：光反应在叶绿体的类囊体薄膜上进行，包括水的光解和ATP的合成，同时把光能转变成活跃的化学能储存在ATP中；暗反应在叶绿体的基质中进行，包括二氧化碳的固定和C_3的还原，同时把ATP中活跃的化学能转化为有机物中稳定的化学能；在呼吸作用中，有机物中稳定的化学能又可以转化为热能和ATP中活跃的化学能。ATP是各项生命活动（除暗反应外）的直接能源物质。如此构建知识结构，既能巩固各个部分的相关知识，又能让学生很好地把握各部分知识之间的内在联系。在以细胞内能量转化为中心的问题上能实现知识的灵活迁移和应用。

（2）归类比较法。归类是将分散的知识整合，比较是将相关的或易混淆的知识进行比较，这种方法有利于知识结构的形成。如聚合酶链式反应（PCR）扩增与DNA复制，这两个知识点关系较为密切，相同点是都能进行基因扩增，不同点是所在的场所不同，而且具有不同特点。教师可将二者进行对比教学，将二者的异同点进行对比，在比较中，学生对旧知识既进行了复习，又对旧知识的理解更加全面和深刻了，有利于新知识的学习。教师指导学生比较相似知识，分析其异同点，学生就能对新知识进行快速和深刻的理解，有利于知识的正向迁移。

（3）层次递进法。这种方法适用于具有递进关系的知识。层次递进法能将知识由浅入深地展现给学生。教师指导学生制作递进式知识结构图，在制作过程中，学生能由简到繁、由浅入深地学习知识，这种逐层深入的学习让学生更易于接受新知识，学习起来更加轻松自如，知识迁移也随之实现。

（4）核心辐射法。以某个知识内容为核心，从不同的角度进行拓展，由一个知识点发展成为整个知识面。对这个知识点没有很高的要求，这个知识点可以是一个原理或一个概念，知识面可以是一个实例或一个图解。教师引导学生由一个知识点进行拓展，有利于学生加强对所学知识的记忆，还能将这些知识联系到一起，让学生的思维更加发散。

（5）操作流程法。此方法比较简单，就是利用文字将解决问题的所有步骤展示出来，前后步骤用直线或箭头连接，形成具有一定逻辑顺序的操作流程图。操作流程图具有较强的简洁性、条理性和直观性，学生看后一目了然，教师可根据操作流程图讲解知识，有利于学生的理解和记忆。

（6）树形拓展法。根据知识的规律，选择主要的知识作为树形图的树干（即主线），将主线上的知识点进行拓展，形成树枝（支线）。再将其他知识点放在支线上，最终形成一个完整的树形图。教师向学生讲述细胞生命的发展历程，这就可以当作一条主线：细胞增殖—细胞分化—细胞衰老—细胞凋亡。然后，对每个知识点进行拓展，形成支线，最终得到树形图。

总之，有很多的方法可以构建知识网络，关键在于要能找到知识之间的关系，利用发散思维，从不同的角度出发将这些知识联系在一起。一个知识点可以出现在不同的知识结构中，将这些知识串联在一起，将不同的结构连接起来，形成一个立体的知识结构。每个知识结构不是一成不变的，随着知识的增多，还可以对其进行补充，让知识结构更加完整。

二、高中生物结构化教学技巧

（一）创设问题的情境

现代认知心理学指出，问题情境是学生知道要达到的目的，但不知道使用何种方法去达到目的的一种心理困境。应用在学习中，就是学生不知道如何处理问题，但是又非常想解决问题的一种心理状态。教师为学生创设问题情境可以激发学生的思维冲突，进而使学生进行更积极的思考，有助于学生能力的养成。

1. 创设探究情境

精心设计的生物学实验在带给学生惊奇、不解和矛盾的同时，更能激发其强烈的求知欲。学生在由实验产生的问题情境中，形成对新的未知知识的需要和探索。如在学生进行"质壁分离和复原"实验时，当学生观察到质壁分离和复原现象，理解了渗透作用的原理之后，可创设如下问题，进一步探究知识：

（1）为什么要选用紫色的洋葱表皮细胞？用白色的洋葱可以吗？用洋葱的根尖分生区细胞做实验材料行吗？

（2）当把蔗糖溶液的浓度提高到50%时，换入清水中后是否会发生质壁分离复原现象？

随后，引导学生进行观察、思考、讨论，使学生的思维始终处于积极探索的状态，从而顺利地得出结论。此时，教师要不失时机地把问题情境的难度提高：如果把洋葱表皮浸入到5%的KNO_3溶液中，会发生怎样的现象？在学生观察到与蔗糖溶液中的不同现象（质壁分离后自动复原）后，与学生共同分析并找出原因。在共同的探索和求知过程中，学生情绪高涨，使重点、难点在愉快的气氛中比较容易地被掌握。

2. 创设真实情境

生物教学是对生活的还原，生物学科知识最终的应用也是现实生活。所以，教师在为学生创设情境的时候，应为学生提供和生活有关的真实情境，以此来启发学生思考，让学生更关注身边的生物学知识，从生活中获取更多的生物知识，而且和生活有关的真实情境的创设可以有效提高课堂的教学效率。

如在学习"呼吸作用"这一课时，由于涉及过多的理论性知识，教师为了让学生更好地理解知识，可为学生列举一些生活中和呼吸作用有关的例子，进而引发学生的思考。比如，向学生提问：酸奶是如何制成的？橘子在腐烂之后，为什么会有一股酒的清香？葡萄酒是如何酿造的？水果为什么在冰箱中可以保存更长的时间？

通过向学生提出一些生活现象的问题，他们的探索欲望会被充分地激发出来，在学习呼吸作用的时候会有更强的学习动力，也会跟随教师的引导更积极地探索呼吸用的基本原理、呼吸作用的过程等相关知识。

问题情境创设的方式可引导学生根据自己的生活经验进行更多思考，可为学生提供更强的知识学习动力，让学生以更高的兴趣、更强的积极性进行生物知识的构建。与此同时，创设问题情境的方式也可避免学生被动地从教师那里接受知识，可为学生提供一种新的知识学习方式。

3. 创设活动情境

为学生创设实践活动情境可在活动情境中提出和实践活动有关的问题，活动情境的创设可以更好地激发学生的学习热情，让学生养成独立操作、独立思考、自主探索的学习习惯。

举例来说，学习"遗传因子的发现"时，教师可设置一项调查活动，让学生自己拟定一个表格，并调查班级中学生的耳垂、拇指、舌头或其他方面的遗传表现。在学生调查活动结束后，教师可以根据活动提出相关问题，如学生调查的各种性状中每一个性状所占的比例是多少？如何区分显性性状和隐性性状？决定性状属于显性还是隐性的关键因素是什么？生物是如何进行性状的遗传的？

在学生实际探索及思考问题的过程中，教师可对学生的探索提供一些补充知识，也可鼓励学生自主收集资料、查找资料，如果教师发现学生在实践活动中出现了偏差，那么应进行积极引导，让学生将偏差纠正过来，在教师细心地引导下，学生可以更好地将理论知识和实践活动充分融合，有助于学生对理论知识的更深入的理解，也有助于学生培养实践动手技能。

4. 创设矛盾情境

教学的最佳时机就是学生认知冲突产生时，学生产生认知冲突之后，教师应该主动为学生创设问题情境，让学生结合自己原有的生物知识、生物学习经验去解决问题，积极进行新知识和原有知识之间的连接。通过学生这种积极的知识构建，学生的认知结构会发生一定的变化，当新知识和原有知识构建结束之后，他们的认知冲突也就会随之消失，进而实现认知结构水平的提升。

5. 再现历史情境

教师可为学生展现生物知识的发现过程及发现生物知识的科学家的历史故事，通过教师的阐述，学生可以了解这项生物知识的形成过程及它是如何被发现的、科学家是如何思考才发现这个知识点的。教师通过生物学科技历史的讲解，为学生创设一个体验性的教学情境，学生在这样的情境中对生物知识和概念有了更深入的理解，对科学的发展过程也有了更深刻的认知，更容易培养科学家的精神。

（二）运用先行组织者

教师在进行生物新知识的讲解之前，可先让学生学习一些概括性较强、涉及内容较广的学习材料，让学生在理解和阅读材料的过程中对新知识先有一定的认知，然后调动学生原有的知识结构去结合新知识，为新旧知识的结合搭建一个桥梁，教师提供的这种资料被称为"先行组织者"。先行组织者是学生已有认知结构与新学习材料之间的桥梁，是通往有意义学习的阀门。

在进行教学设计时，教师应分析学生已有认知结构并剖析新旧知识间的联系，然后对新旧知识进行加工、提炼或延伸，形成先行组织者。在教学中，教师应根据教学灵活变换先行组织者的运用策略。

1. 讲解叙述策略

教师用讲解的方式呈现事先设计好的组织者。这个先行组织者可以是一般性的原理、概念，也可以是有关的生物学史，还可以是与学习内容有关的新闻故事。例如，在学习《基因工程》之前，先复习一下《DNA分子的结构》，让学生回忆一下DNA分子的双螺旋结构模型和碱基互补配对原则等相关知识，这样学生就比较容易接受"黏性末端""DNA连接酶连接磷酸二酯键""质粒""PCR技术""基因表达载体的构建""目的基因的检测与鉴定"等新内容。

2. 知识比较策略

通过新旧知识的比较，突出新旧知识的异同，同时给出新旧知识的结合点，帮助学生把握知识点之间的共性和本质区别，以提高记忆编码效果，并为知识的进一步提升打好基础。例如，多糖、蛋白质和核酸都是生物大分子，它们存在类似点。在学习核酸和多糖时，可先把蛋白质的相关知识以图表的形式列出来，再以比较的方式逐渐讲解核酸和多糖。这样不仅形式容易接受，而且也加强了学生对两者的全面理解，并进一步深刻理解多聚体的概念。

3. 生活体验策略

高中生都有一定的生活经验，在这些经验中蕴藏着已有的认知结构。在教学中，可以将"已有的认知经验"作为先行组织者，帮助学生实现新知识的

"同化"。例如，在学习《免疫调节》时，"免疫"是一个比较抽象的概念，但它又和我们生活联系非常密切。在讲课开始时，教师可设置一些和学生生活密切相关的问题，例如："你种过牛痘吗？""你打过疫苗吗？""狂犬病疫苗是怎么回事？"这样引出免疫的概念，就降低了学习的难度，学生就会学得兴趣盎然。

4. 图形图解策略

在零散知识的教学中，教师可以把使新旧知识发生联系的材料以图形或图解的方式来呈现出来，将零碎的知识集中在一起进行整体分析与研究。通过这种方式创建先行组织者，使学生认知结构中的新旧知识相互作用，达到渐进分化和融会贯通的目的。例如，"同无机催化剂相比，酶降低活化能的作用更显著"这个观点，部分学生觉得难以理解。教师可以借助教材呈现一幅司机驾车翻越一座高山的插图，"加大油门翻越"类似于反应的"无酶途径"，"找到穿山隧道、需要的能量少"类似于生化反应的"有酶途径"，将两者直观地进行类比，化"无形"为"有形"，激活学生的思维，轻松突破教学难点。

5. 模型演示策略

模型具有直观、形象的特点，它可以使抽象的、微观的问题直观化。教师合理利用生物学模型创建先行组织者，将最大限度地激发学生的学习兴趣，突破生物学教学中的难点。例如，学生学习了植物细胞有丝分裂之后继续学习动物细胞的有丝分裂时，教师可先展示动植物细胞亚显微结构的生物模型，让学生回忆动、植物细胞结构上的差异。提出问题：①动物细胞与高等植物细胞在结构上有哪些差异？②哪些结构是动物细胞特有的？哪些结构是高等植物细胞特有的？③哪些结构是所有高等植物细胞都具有而动物细胞都不具有的？使学生在讨论交流中回忆旧知识，展现他们原有的知识结构。最后通过比较得出结论：动物细胞和高等植物细胞的区别是：高等植物细胞有细胞壁，但它无中心体。教师在学生已了解动植物细胞结构上差异的基础上，向学生展示植物细胞有丝分裂动态模型，指导学生利用类比的方法，探究动物细胞的有丝分裂可能会有哪些不同。

学生可以根据动植物细胞的结构模型和植物细胞有丝分裂过程模型，推测出动、植物细胞的有丝分裂至少有两个方面的区别：一是动物细胞没有细胞壁，在分裂的末期不可能出现细胞板；二是动物细胞有中心体，也会有不同的行为特征。当然，现在多媒体技术高度发展，可以集图、文、声于一体，生动活泼，灵活多样。教师也可借助多媒体技术更好地开展模型教学。

6. 实验探究策略

实验探究策略是指教师以生物学实验作为先行组织者，引导学生建构新知识的一种教学策略。直观、生动的实验现象能直接反映生命科学内容的本质，使学生在学习的过程中很快理解相关生物学内容。例如，内环境的稳态是一个抽象的概念，学生理解起来有难度。上课前可先向学生演示"不同实验材料滴加盐酸（HCl）后酸碱度的变化"实验：学生代表观察实验过程及规范，及时将传感器显示结果呈显在投影屏幕上，让全班学生一起总结变化规律。学生会发现：生物材料类似于缓冲液，pH变化不大，鸡血清、鸡血浆最接近内环境，pH变化最小。这说明生物体的pH能维持相对稳定。学生理解了内环境中pH动态变化后，接着学习内环境稳态的含义和重要意义，教学衔接自然。

在高中生物学教学中运用"先行组织者"，加强了学生已有认知结构的清晰性、稳定性和可辨别性，为新知识提供观念上的固着点，能促进知识有意义获得与保持。这是采用先行组织者教学策略的优势所在，也是与传统教学的重要区别。

（三）利用类比与比较法

1. 运用类比法

类比是通过找出不同对象之间存在的相似性或相同特点，从而推导出它们可能存在其他方面的相似性或相同特点的一种方法，类比主要体现了思维具有的创造性。

第一，图像类比。图像类比主要依托现实生活中的情境或事物图像，类比要求图像的选择应该和生物知识的外形比较相似，它主要是利用表象形式让学生调动自己的非语言信息处理系统，展开事物之间的类比推理，从而让学生更好地理解生物学科的概念。

举例来说，学生在学习胚、果皮与植物个体发育有关的知识时，因为没有建立起感性认知，因此很难记住胚、果皮及植株之间的关系，有的时候很难分清果皮和种皮之间有何不同。这时，教师可以将植物的发育过程和人类胚胎的发育过程进行类比，把人类的肚皮比作植物的果皮，这样可以让学生更深刻地记住果皮这个生物概念。

第二，形象类比。生物学知识一般都是抽象的，教师可借助生活中形象的事物类比学生学习的生物知识，让学生更好地理解相关知识。例如，在讲授"激素调节"这节课时，教师可将激素调节比作手机工作原理，让学生更好地理解特异性受体概念及神经递质概念。

第三，归纳类比。如果目标物和类比物之间已经产生了一些相似特点，那么可以在此基础上继续推测二者之间存在其他的特性，这种方法就是归纳类比。

第四，模型类比。模型类比指的是从问题对应的物理模型的相同特点出发，使用类比的方法推断问题之间更多相似特性的方法。模型类比是从本质角度出发对事物进行的类比，相比于其他的类比，它的层次更高。

第五，实验类比。通过模拟实验的方式让抽象的微观知识变成直观、宏观的知识。这种方法就是实验类比，实验类比有助于学生更透彻地理解知识。举例来说，在"性状分离比的模拟"实验中，通过小球的随机组合来类比雌雄配子之间的随机组合；"细胞大小与物质运输的关系"这个实验中，利用琼脂块来模拟生物的细胞；在"生物体维持pH稳定的机制"这一实验中，使用鸡蛋清来类比细胞外液。

除了课本中涉及的实验之外，教师还可以自主设计相关实验，让学生更好地理解生物知识，例如，在"植物细胞的吸水和失水"这一实验时，可以用土豆来代替植物细胞，教师需要在土豆中钻出几个洞，然后将土豆放入具有一定浓度的盐水中，标记此时的水面高度，之后就会发现水面一直在上升。通过这个模拟实验，教师可向学生生动地展示：如果细胞外液的浓度比较大，那么细胞内液中的水分会不断向外流失，也就是实验结果体现的水面不断升高。通过这样的类比实验，学生更好地理解了教材中的抽象概念。这种将微观现象宏观表示出来的方法突破了生物教学中一直存在的教学难点，提高了教学的效果。

2. 运用比较法

比较法是指按照事物对立统一的规律和人的认知规律，根据一定的标准，把彼此有某种联系的两个或多个事物加以对照、分析、鉴别，从而确定它们之间相同点和不同点的一种方法。高中生物学适于运用比较法进行教学的内容很多，主要有如下几种：

（1）比较法的类型。高中生物学主要讲述生命现象和生命规律共性与个性的科学，生命现象复杂多样，因此，在教学中，比较法的运用也是多种多样的。常用的有以下几种类型：

第一，相关比较。相关比较就是把内容或形式相似的知识放在一起比较的方法。通过比较，可找出其共同性和相似性、特殊性和差异性，再进行归纳，总结规律。

第二，并列比较。并列比较就是对相对独立、互为并列的几个生物学概念或原理进行比较的一种方法。例如，对二倍体、多倍体和单倍体概念的理解比较可以用表格表示。根据表格对比的结果还可以帮助学生进一步总结：如何判断单倍体与二倍体、多倍体的方法——由受精卵发育而成的个体，含有几个染色体组，就叫多倍体；由配子发育而成的个体，不论含几个染色体组，都称为单倍体。如八倍体生物的单倍体含有四个染色体组；二倍体生物的配子中只含有一个染色体组。

第三，正反比较。高中的生物知识很多在概念上都是相对的，如分化和脱分化、自养动物和异养动物、转录和逆转录等。把相对的知识一起进行教学，可以让学生看到统一中的矛盾，也可以通过比较让学生更好地认识到概念的本质意义。因此，学生对概念的印象也会更加深刻。除此之外，相对知识的一起学习和对比分析有助于学生建立更加系统的知识结构。

第四，过程比较。过程比较就是从时间上和空间上，将某一生命现象发生发展的历程分阶段进行比较的方法。例如，将有丝分裂过程各个阶段中染色体行为变化和DNA、染色体、染色单体、同源染色体对数、染色体组数变化列成图表进行对比。通过对整个过程的比较，可归纳出有丝分裂过程中相关量发生变化的时期：DNA数目加倍发生时期——间期；姐妹染色单体形成的时期——间期；姐妹染色单体消失的时期——后期；染色体数目加倍的时期——后期；中心体数目加倍发生的时期——间期。最后，总结出细胞有丝分裂的意义：亲代细胞的染色体经过复制之后，精确地平均分配到两个子细胞中。由于染色体上有遗传物质DNA，因而在细胞的亲代和子代之间保持了遗传性状的稳定性。

第五，综合比较。综合比较是指对生物学有关内容进行全面的比较。如在高中生物学综合复习时，可将光合作用和细胞呼吸从物质变化、能量变化、实质、场所、条件等多方面进行比较，提高学生对知识的综合、分析及运用的能力。

（2）比较法的作用。比较法是一切理解和思维的基石。在教学中，合理使用比较法，可以帮助学生举一反三、全面而准确地掌握概念，从各个概念中找出生命活动的规律，将知识融会贯通，具体体现在以下几个方面：

第一，区别易混淆的概念。高中生物学有许多易混淆的概念，通过比较法教学可使学生在比较中发现它们异同，在比较中加强横向联系，在比较中加强理解记忆。如原生质、原生质层和原生质体的概念，在课本的不同位置出现，学生很容易混淆，在教学中可以将这三个概念列表比较加以区别，以理解得更准确。

第二，建立知识内部联系。生物学知识之间本有其固有的联系。在教学中，应将分散的系统知识适时地集中起来，阐明复杂多样的生命现象和生命规律间的关系。如在讲述多聚体时，应把前面学习过的多糖、蛋白质和核酸等列举在一起进行比较，不仅可以表现各知识点之间的差异，还可以帮助学生建立一个系统化、条理化的知识框架，准确把握生物学的本质特征。

第三，学生的思维能力可以得到更好的培养。一般情况下，事物的突出特点是通过对比才显示出来的。因此，使用对比的方法可以更好地培养学生在思维方面的能力。如和生长素有关的四个知识：植物的向光性、顶端优势、根的向地性及茎的背地性。这些现象虽然都和植物的生长素有关，但是它们的作用原理却不同，教师在解释各个现象解释时，需要对生物学原理、生长素的活动规律进行更深入的对比分析，让学生明白不同现象的作用机制存在不同。

总而言之，比较法在高中生物课堂教学中有很多应用，教师应对这些知识进行总结和归纳。

（四）结合生活进行教学

教学需要和学生的生活实际相结合，这样才能激发学生的学习兴趣。高中生物课堂和生活的联系，主要可以从以下几个方面入手：

1. 从生活现象引入课程教学

在高中生物知识的学习之前，学生已经积累了一些生活经验，教师需要利用学生已有的生活经验为其创设学习情境，通过问题或其他事例引出本节课要学习的内容，将更多的生物知识和生活现象结合在一起，激发学生的学习热情。

2. 用生活实例为知识提供证据

想要实现知识的有效建构，教师应从生活实例出发，为学生提供更多生活方面的例子，这样学生会对知识产生更加真切的观感，也可从感性的角度对知识进行理解和记忆。教师要注意建立生物学知识和生活实际现象之间的联系，从而让学生更加便捷地学习、记忆知识。

例如，在学习《物质跨膜运输的实例》时，教师可举"凉拌黄瓜"的例子：当把盐、醋、糖等调料和黄瓜拌到一起时，碗里面会出现很多的汁液，这是因为调料液浓度高于黄瓜细胞液浓度，黄瓜细胞内的水分流出了细胞。通过这个例子，学生能很好地理解"水往（浓度）高处流"的含义。又如，在讲到蛋白质变性这一知识点时，可演示鸡蛋清中加盐产生白色絮状物，兑水稀释后絮状物消失的小实验，指出鸡蛋煮熟就不能恢复原来状态这个常见现象，让学生比较直观地了解蛋白质的特性。还可以让学生说明为何罐头盖上写着"若安全钮突起，请勿食用"，帮助学生理解无氧呼吸。

3. 用生活经验为学习提供支持

为了让学生克服生物学习中在研究方法方面存在的元认知障碍，教师可先为学生提供一些生活材料、设置一些生活问题，让这些材料和问题成为"先行组织者"，然后再分析材料中使用的思想方法，将这样的方法迁移到生物学习研究过程中去，帮助学生更好地突破元认知障碍。

举例来说，在学习"基因在染色体上"这节课时，有一部分学生不理解摩尔根为什么要怀疑萨顿做出的类比推理。这时，教师可寻找生活中和萨顿做出的类比推理相似的例子，让学生明白推理中存在哪些缺陷。如酒精和水都是液体，酒精和水都是无色透明的液体，酒精和水都可以成为溶剂，那么酒精和水是不是也都可以燃烧呢？通过这样的举例，学生就会明白萨顿的类比推理存在缺陷的原因了。

4. 实现知识的有效建构

学生在生活中形成一些概念，不一定与科学概念一致，对科学知识的学习还可能起阻碍作用。当代教学理论指出，对于错误前概念的教学，首先，要充分暴露学生错误的前概念；其次，设计一些认知冲突让学生意识到错误；最后，引导学生建构对科学知识的正确理解。因此，"联系生活"的有效生物学教学，必须充分估计学生可能存在的错误生活经验。例如，讲述体温调节时，为了激发学生头脑中原有的错误观念与新信息之间的矛盾，教师提问："喝冷饮能不能让人觉得凉快？"学生的第一感觉是肯定的——凉快。于是教师马上提问："老人说喝热茶可以解暑，又是为什么？"学生由此感到困惑。原来，人的冷觉感受器分布于皮肤和内脏黏膜，当人吃冷饮时，冷饮会刺激人口腔黏膜的冷觉感受器，感受器产生兴奋并将兴奋传到体温调节中枢，体温调节中枢做出反应，使身体产热增加、散热减少。喝冷饮后，人并不会感到凉快，相反会感觉到热。通过这个例子，学生加深了对体温调节过程的理解，学会用所学原理分析生活事例，提高了运用知识的能力。

5. 运用生物知识解决生活问题

如果只是把生活中的现象或经验迁移到生物学习中，那么生活中的现象和经验并没有完全发挥其作用，教师应引导学生用这些生活知识去解决当前要解决的生物问题。

举例来说，在进行高三生物知识的总复习时，教师可让学生回答："如何保存食物？"对这一问题，学生可能会给出很多答案。比如，将食物放在冰箱的冷藏柜中或将食物放在冰箱的冷冻层，这样较低的温度会抑制食物的生化反应，也会抑制微生物的生理生化反应，因此食物更容易保存。再如，将食物做成果干、肉松、菜干，也就是降低食物中水分所占的比例，不为食物的增长繁殖提供水分，以此实现食物的保存。还有的学生可能会说做成罐头，和空气隔绝之后，细菌没有办法进入食物，也就不会变质，也就容易保存。还有的学生提出使用盐或糖腌制的方式让细胞在高渗透压像失去水分，以此来延长食物的保质期。还有的学生会说用醋将食物泡起来，为食物提供更低的pH环境，从而抑制微生物的生长。还可以加入化学防腐剂，防腐剂可以有效地抑菌杀菌等。

生物知识学习最主要的目的是用知识去分析问题、处理问题，因此教师必须注重学生思维的激发，让学生思维更活跃，积极联系生活实际，将知识真正地应用到生活中去。

6. 挖掘生活资源改进生物实验

生物学是一门与生活实际紧密联系的科学。在生物学实验教学中，教师可巧妙运用学生身边的一些学习、生活用品甚至自己的身体进行实验，这些实验比"正规实验"更富有亲切感，更贴近学生的生活实际。

例如，在学习《细胞呼吸》时，可指导学生自己酿甜酒：将蒸熟的糯米拌上酒酵装到容器里，中间挖一个洞，把盖子盖好，和热水袋一起用棉被包起来。一天之后，就出酒了。一边做实验，教师可以一边解释：酒酵内有大量酵母菌，是一种兼性厌氧型的微生物；糯米中间挖一个洞是使容器中有空气，酵母菌可以进行有氧呼吸，产生大量能量，使自身能够大量繁殖；酵母菌有氧呼吸产生的水将挖的洞淹没，容器内缺少氧气，酵母菌就只能够进行无氧呼吸，产生大量酒精。学生通过实验和教师的解释，明白了酵母菌有氧呼吸、无氧呼吸的过程。这样的实验，可以拉近生物学与生活的距离，让学生深切感受到科学的真实性，感受到科学与日常生活的关系。这既有利于激发学生的学习兴趣，又利于加深他们对书本知识的理解。

综上所述，联系生活进行高中生物学教学，是新课程的需要，是学生的需求。在教学中把学生课堂学习的间接经验与现实生活的直接经验联结起来，构建学生感兴趣的生活课堂，让学生在生活世界中体验科学，在体验科学的过程中掌握知识，是发展学生能力的一种有效教学方式。

（五）使用课本插图

现行高中生物教材编写中渗透了图文并茂的理念，十分注意插图的设计和应用：这些插图浓缩了大量的信息，形象、直观、生动、简明地表达了一些生物学知识，弥补了文字表达的不足。在教学中，如何发掘这些插图的功能，充分发挥其特有优势，具体如下：

1. 激发学生学习兴趣

借助生物教材插图设计导言，导入新课，充当教学过渡的桥梁，能激发学生的求知欲和学习兴趣，使课堂教学充满魅力。

例如，学习《基因工程》前，先给学生展示"给心脏病人换上经过改造的猪的心脏"卡通画，并提出问题：①猪的心脏移植到人体会导致什么结果？②我们应该如何改造这个猪的心脏呢？③如果改造后的猪心脏能够移植给人体，相对传统移植技术有什么优势呢？这些问题提出，能够吸引学生的注意力。教师再顺势将学生带入"基因工程"内容的学习。

2. 加深学生知识理解

文字描写的课本内容，借助插图进行解释，变得具体而形象。形象化的插图有利于学生对课本内容的理解。

一些学生觉得自变量、因变量、对照实验、对照组、实验组这些概念比较抽象，难以理解。在学习光合作用的时候，教师可以结合恩格尔曼的实验示意图帮助学生更好地理解这一系列概念，并提出问题：①为什么实验材料选择水绵和好氧细菌？②为什么要将临时装片放在没有空气的黑暗环境中？③为什么要用极细的光束点状投射？④为什么进行黑暗（局部光照）的实验后，还要完全暴露在光下进行实验？

教师引导学生分析，总结出实验的巧妙之处：①水绵的叶绿体呈螺旋式带状，便于观察；用好氧细菌可确定释放氧气的部位。②选用没有空气的黑暗环境，排除了氧气和光的干扰。③用极细的光束点状投射，叶绿体上可分别获得光照和无光照的部位，相当于一组对照实验，实验组是将叶绿体上被光束照射的部位，对照组是没有被光束照射的部位。自变量是光照，因变量是好氧细菌的分布情况。④进行黑暗（局部光照）和完全暴露在光下的对照实验则明确：实验结果完全是由光照引起的，并且氧是由叶绿体释放出来的。最终得出结论：叶绿体是进行光合作用的场所；光合作用需要在光下进行；光合作用中释放氧气。

在学习过程中，教师引导学生在插图上标明自变量、因变量、对照组、实验组等文字，帮助学生理解和记忆。这种借助插图来表述知识的方式明显优于单纯文字表述，清晰直观，对学生的学习起到了启发和点拨作用。

3. 培养学生学习能力

（1）观察能力。学生在教师的指导下，有目的地观察一些特定的插图，可培养学生观察力的敏锐性和深刻性。例如，在学习"生态系统的结构"时，教师可以指导学生仔细阅读"池塘生态系统图解"，要求学生说出：池塘生态系统的组成成分有哪些？哪些内容属于非生物的物质和能量？哪些生物是生产者？哪些生物是消费者？哪些生物是分解者？生产者、消费者、分解者在生态系统中的作用是什么？这样结合插图学习，使学生充分理解和掌握知识。

（2）思维能力。教师可引导学生观察插图，提出相关问题，让学生进行综合思考，培养学生的发散思维，让学生进行更深刻、更灵活、更敏锐的思考。举例来说，在讲解"细胞的结构与功能"时，教师可让学生观察教材中提供的"动物和植物亚显微结构模式图"，让学生自主通过观察总结动物细胞和植物细胞存在哪些相同结构与不同结构。在这样的对比分析中，可以更好地提升学生的思维能力，思维也将变得更加发散。

4. 加强学生情感教育

知识的传授不是生物学教学的唯一目的。有时，要挖掘教材插图中的情感因素，并通过一定的形式表露出来，引起学生的情感共鸣，使学生受到潜移默化的熏陶。

5. 联系学生社会生活

生物学越来越贴近生活，越来越注重学科的实用性，教材插图也体现了这一点。在教学中，教师应有意识强调，让生物学学习更有生活气息，更具现实意义。例如，高中生物教材的"木瓜催熟柿子""加酶洗衣粉""多酶片""包扎伤口选用透气的消毒纱布""花盆土壤需要及时松土""提倡慢跑等有氧运动"等插图，这些图片中的实物都来源于生活、用之于生活。通过这些图片，让每个学生都能在熟悉的生活情境中去感受生物学的重要性，了解生物学与日常生活密切而广泛的联系，学会分析和解决与生物学有关的一些简单的实际问题。

6. 利于学生学科渗透

在社会快速发展的过程中，不同学科之间有了更多的交融，单个学科的学科界限不再清晰，这表明学科融合是未来的发展趋势，未来人类面对的各种问题的解决，需要人们使用多种学科知识、综合运用各种学科技能。新课程标准也指出，应慢慢地淡化不同学科之间的界限，生物教材中的插图就明显体现出了学科渗透的特点。

例如，高中生物《生态系统的物质循环》中插入的"温室效应示意图"。从植物的光合作用到生物的呼吸作用和分解作用；从太阳辐射到热能释放；从化石燃烧到火山喷发……这样一幅插图，将生物、化学、物理、地理等学科的知识紧密结合，还结合了数学中坐标曲线图的画法等知识，体现了生物学与其他学科的交叉和融合。

插图既是教学的直观教具，也是教材的有机组成部分。教师合理运用生物教材插图，有的放矢地进行插图教学，不但能加强教学的直观性，还能提高生物学知识记忆

（六）改进生物教材实验

生物学实验是中学生物学科课程中最重要的、最富成长性的板块，通过实验教学可以培养学生的动手能力、科技创新能力及探究科学知识的方法和技巧。但在教学过程中，有的实验如完全按照教材的设计方案进行，往往存在一些不满意的地方：或实验材料难以获取，或实验操作特别烦琐。这就需要生物学教师对现行教材实验加以改进。

1. 排除危险，确保安全

高中生物学教学涉及一些易中毒的实验，因此，提高实验的安全性自然成为实验改进的重要课题。例如，观察细胞的线粒体染色体等结构时经常要用油镜。多年来油镜使用中所用介质为香柏油，其溶剂为二甲苯。二甲苯挥发性强，毒性较大，对中枢神经系统有麻醉作用，长期用二甲苯擦洗镜头与玻片会影响师生的身体健康。在教学中，可以用甘油代替香柏油作油镜介质，能取得很好的效果：用甘油观察所得图像的清晰度与香柏油相同，但它无毒无味。使用甘油做介质，成本低，易获取，使用后镜头与玻片的清洗也更加方便。

2. 力求简明，增强直观

教育在本质上是经验的不断改造和重组，也就是通过学生的主动活动去经历一切和获得直接经验的过程。越简便的实验给学生的印象越深刻，简便实验可为学生课内外动手操作开启方便之门，更有利于学生获取直接经验。因此，在筛选同一实验的改进方案时，在保证效果的前提下，以实验装置和操作方法简单者为佳。

例如，在脂肪鉴定实验中，课本上要求用显微镜观察和进行花生子叶切片，这都需要很长时间。特别是对于高一学生而言，掌握徒手切片技术很困难，要求所有的学生都能熟练运用不太现实。另外，即使能在显微镜下看到些黄色或红色的东西，由于学生对生物染色剂的染色特性了解不深，也很难指出显微镜下哪些是脂肪。经过多次试验，可运用一种更简便的方法，即使用滤纸，其步骤如下：①取三张滤纸，大小约3cm×2cm，分别标号为A、B、C。②A中心用滴管滴一滴清水，B中心滴上一滴植物油，C中心直接用花生子叶在上面摩擦，面积约为1cm×2cm。③在A、B、C三张滤纸的中心各滴上一滴苏丹Ⅲ试剂。④1分钟后观察到A上的清水没有与苏丹Ⅲ溶在一起，B、C上的植物油和花生子叶痕迹被苏丹Ⅲ染成了橘黄色。这样完成实验，无须镜检，简单方便，而且实验结果一目了然。

又如，课本上设计的半透膜的渗透实验，要把玻璃纸密封包在长颈漏斗口外，操作非常复杂，密封不好，漏斗管内液面上升就观察不到。如果将用稀盐酸去掉外壳、保留薄膜的鸡蛋放置在清水中，用鸡蛋渗透水后会变大来说明生物具有渗透现象，就非常简明直观。每个学生都能自己动手操作，把课本上的演示实验改为学生分组实验，能取得很好的教学效果。

3. 明确原理，准确及时

实验的改进要取得满意效果，应使学生尽量明确实验原理，分析清楚影响效果的各种因素。如原理不明，仅从形式上改进，对学生的进一步深入学习帮助较小。

例如，在"叶绿体中色素的分离和提取"的实验中，教师可提供两种有机溶剂配方的层析液让学生选用。层析液一是"20份石油醚、1份丙酮和1份苯"，实验结果色素带自上而下是：胡萝卜素、叶黄素、叶绿素a和叶绿素b，与教材结论一致；层析液二是"1份苯+9份95%酒精"，实验结果色素带自上而下是叶黄素、叶绿素a、b和胡萝卜素。为何会有不同，通过讨论分析，学生会认识到：同一种色素在不同的层析液中溶解度不同，随层析液扩散的速度也不同，因此使用不同的层析液得到的几种色素带的宽窄、前后位置就会不同，从而深刻理解了实验原理。

准确及时是指确保实验的成功且反应迅速，效果鲜明。为此，必须探究实验的最佳条件和操作技巧。

4. 因陋就简，寻找代用品

高中生物学实验需要的实验材料、药品和器材种类较多，往往不容易准备齐全。为了多开实验、开足实验，寻找实验的代用品，不失为一种行之有效的解决办法。

例如，在"叶绿体中色素的提取和分离"实验中，可以用纯净的细河沙代替SiO_2，不但节约成本，还使研磨更加迅速充分；画色素细线，使用毛细吸管，损耗大，且很难做到画线又细又直、色素液又多，可以改用较薄且干净的载玻片蘸取色素提取液印在滤纸条上的方法，色素液晾干后再重复几次印出色素液线，层析分离后的效果很好。

又如，还原糖的鉴定实验中，苹果匀浆制备比较麻烦，可以在超市购买苹果汁来代替；蛋白质的鉴定实验中，豆浆也可以用超市中购买的牛奶来代替，实验操作简洁，效果非常好。

5. 运用新技术，提高时效

随着课程改革的不断深入，现代教育设备也引入了生物学实验教学中。充分利用这些设备有利于提高生物教学的时效性，使实验结果更加清晰明了。例如，"用显微镜观察叶绿体和线粒体"实验中，教师在要求学生自己动手用显微镜观察实物材料之前，先做一个示范实验，通过显微投影仪把观察到的图像展示出来，可帮助学生明确观察目标，利于实验的有效进行；也可把部分学生的观察图像通过显微投影仪展示出来，让学生共同讨论。

现代生物学实验还可以引进传感器等数字化实验技术，通过电子计算机直接获得实验数据，描绘出实验过程中各个变量的变化曲线，帮助教师与学生真实、实时、快速、准确地设计和实施中学生物课程中的部分实验，开展定量的科学探究，从而更加有效地提高学生的生物科学素养，培养学生的创新精神和实践能力。

（七）精心设计结课

一堂好的生物课，应当精心设计课堂结尾。课堂结课应做到顺畅贴切、语言精练、呼应开头。好的课堂结尾能高效率地帮助学生巩固和深化所学的知识技能，把新旧知识联系起来，形成良好的知识结构，让学生产生"课虽尽，趣犹存"的感觉，真正对生物学感兴趣。精心设计课堂的结束内容是课堂教学不可或缺的一部分。

1. 归纳式结课

归纳式结课通常有三种具体的形式：一是语言归纳结课法；二是表格归纳结课法；三是图示归纳结课法。

（1）语言归纳结课法。在一节课结束后，教师可从知识的内在关联入手，对整节课的知识学习进行简单的概括和总结，让知识以清晰的条理化方式呈现出来，这种方式不仅可以总结提炼、升华知识，还能帮助学生更好地构建系统化的知识网络。

（2）表格归纳结课法。在课程的结尾，教师可把与本节课内容有关的知识呈现出来，为学生呈现不同知识之间的对比，对比的方式可让学生认清不同事物之间存在哪些相同之处和不同之处，让学生认识知识的本质，而且对比分析的方式也强化了学生对知识的印象，避免学生出现不良的负迁移状况。除此之外，和旧知识对比有助于学生更好地吸收新知识，更好地将知识添入到原来的知识结构中，实现对所有知识的系统化、结构化处理。

（3）图示归纳结课法。图示的方法可以清晰地展现不同内容之间的关联，这种方法可以给学生的视觉带来更强的冲击，可更好地激发学生的思考，让学生对知识形成更强的记忆。通过图示呈现的关系，学生可以了解不同知识之间存在哪些逻辑关联，有助于其构建新的知识体系。

2. 反馈式结课

反馈式结课主要有两种方法：

首先，提问结课法。教师可针对本节课学习的重点知识设计问题，在课程快要结束的时候，提出问题，让学生进行回答或讨论，教师可针对学生的回答进行相应的指导。这种方式不仅可以检查学生对本节课知识的掌握程度，还可以训练学生对知识的表述能力。这种方法最明显的特点是可以避免教师重复讲授知识。需要注意的是，教师最好可以把问题和生活实际联系起来，让学生更好地将知识迁移到实际应用中去。

其次，练习结课法。教学中练习是非常重要的一个环节，教师可以针对本节课的内容为学生设计关联性强的练习题，让学生在课堂中对所学知识进行巩固，当堂进行巩固有助于纠正、深化知识。

3. 拓展式结课

拓展式结课使用的方法主要有两个：

首先，课外延伸结课法。课堂的结束不代表知识学习的结束，教师应在课堂结尾的时候，将学生学习的内容延伸到课外，引导学生在课下继续进行知识的拓展与延伸，这样有助于学生更好地理解本节课的知识，更深入地理解知识，拓宽知识视野。

其次，承前启后结课法。这种方法指的是不仅对本节课的内容进行总结，还涉及之前学过的知识或之后要学习的知识，让知识建立前后的关联，通过这种关联让学生构建不同知识之间的联系。在结课时，最重要的一点是对学生所学的知识进行整合，让学生可以系统地了解知识的本质。所以，教师可在结课的时候联系前后知识，加强学生之前学习的知识和新知识的连接，也可为接下来知识的学习做铺垫。总而言之，是让学生不同知识之间的学习连接得更加顺畅。

生物课堂教学可以使用的结课方式远远不只上述提到的几种，在实际的教学过程中，教师可以有选择地进行综合运用。优秀的课堂结尾应是整节课的画龙点睛之笔，要么对所有的知识进行总结，要么强调重点，要么为学生留下问题，引发学生思考；要么为学生建设新旧知识之间的关联，让学生构建更系统的知识网络。但是，不管使用哪种方式，都应力求做到以下三个方面的要求：

首先，精辟，也就是要实现知识的升华，要将知识的本质揭示出来，让学生透彻地理解知识；其次，精练，也就是说，教师在结课时使用的语言应该简洁明亮，应该呈现给学生高度浓缩的知识，这有助于学生更好地将知识构建到原有的知识网络中；最后，精彩，一节课的结尾不应是黯然离场，而应是为学生提供再一次的教学高潮。教师在设计结尾时，要注重创意，让学生有一种又入佳境的感觉。①

① 黄玮. 高中生物结构化教学［M］. 广州：华南理工大学出版社，2019：55-110.

第三节　高中生物结构化教学的策略分析

加涅的学习与记忆的信息加工模型认为：认知主要指人脑对信息的加工过程，认知策略是学习者对认识过程进行调节和控制的能力，包括学习者控制自己的注意、选择性知觉、调节编码方式、提高记忆质量等的能力。根据加涅的信息加工模型，可以将与生物学学习结构化策略有关的信息加工策略概括如下：

一、高中生物结构化教学的选择性注意策略

选择性注意策略是指学生始终保持学习状态，将自己的注意力始终放在要学习的重要信息上，始终高度关注学习材料，让自己处于高度警觉状态的一种学习策略。维特罗克提出的生成学习模式指出，感觉经验并不是学习过程的开始，学习过程真正开始于学生对感觉经验的选择性注意。在生物知识的学习过程中，学生将自己的注意力集中于要学习的生物材料时，学生才真正开始生物学习，也只有注意力集中的情况下，才可实现对生物材料的加工和编码。除此之外，学生要看的生物学学习材料是非常多的，各种材料错综复杂，但是学生对材料信息的接受能力是有限度的，他们不可能关注所有的学习材料，这时就需要学生对要关注的材料内容进行一定的选择，选择重要的信息进行加工和编码。选择性注意是学生学习可以运用的重要策略，它可以过滤掉一些不重要的信息，让大脑对更重要的信息进行加工处理和编码。选择性注意策略运用的方法具体如下：

（一）精心设计问题

提问题在吸引和保持学生的注意力方面是一种非常有效的策略。心理学表明，在有意义学习方面，带问题阅读的实验组比单纯阅读（不带问题阅读）的

对照组更加优秀。在生物学教学中，教师可在学生学习新材料之前，针对新材料学习中的重点、难点内容提出问题，让学生带着问题去学习，引导学生有意识地去选择性注意。这有助于将学生的注意力吸引到重要的信息上去，忽略无关的或不重要的信息。

例如，在讲有氧呼吸过程时，可设计以下问题串：①有氧呼吸共分几个阶段，分别发生了什么变化，所需条件是什么？②请分析有氧呼吸的主要场所在哪里？③丙酮酸的分子式是$C_3H_4O_3$，第二阶段还有6个分子的水参与反应，该阶段有多少氢离子释放？④氧的参与是在第几阶段？其作用是什么？⑤哪个过程释放的能量最多？⑥有氧呼吸产生的能量去路是什么？⑦请写出总反应式，并分析反应物中的水与生成物中的水能否相互抵消。⑧请分析生成物中水和二氧化碳中各元素的来源。

问题设计层层深入，可激发学生的探求欲望，有效控制了学生的注意。在教师的引导下，学生用较短时间便完成了有氧呼吸过程的理解与掌握。

（二）运用"先行组织者"

"先行组织者"是先于学习材料呈现的一个引导性材料。"先行组织者"以学生易懂的形式呈现，帮助学生认识到当前所学内容与自己头脑中原有认知结构的哪一部分有实质性联系，将注意选择性地集中在相关或重要的信息上。

例如，"免疫"这个概念对于学生而言是非常抽象的，但它又和我们的生活联系很密切，所以在讲课开始时，可向学生提问：甲型流感是一种传染病，有哪些办法预防；为何注射过甲肝疫苗或得过甲肝的人，不再感染甲肝。用一些熟悉的生活实际问题把学生的注意力集中到关键问题上来，引出免疫的概念，并进一步讲解体液免疫和细胞免疫的知识。

（三）运用刺激物特点

第一，刺激物的强度。在一定的感觉阈限内，强烈的刺激易引起注意。例如，在检测生物组织中的有机化合物实验时，让学生观察还原糖与斐林试剂水浴共热、蛋白质与双缩脲混合后明显的颜色反应；在学习"信息传递"时，给学生展示孔雀开屏的绚丽图案、各种鸟类的鸣叫。这些都会使学生产生选择性注意，教师在教学中应予以充分的利用。

第二，刺激物的新颖性。异乎寻常的刺激物往往会引起好奇心，优先受到关注。无论是绝对的新颖性或相对新颖的刺激物都易引起选择性注意。例如，在讲述"人类遗传病"时，可以给学生展示无脑儿、唇裂、唐氏综合征等患儿的图片；在学习"种群密度"时，可演示春运时火车站人群拥挤的照片。这些内容具有新奇性，可引起学生的注意。

第三，刺激物的变化。变化的刺激物比静止的刺激物更能引起学生的注意。因此，在运用多媒体进行生物学教学过程中，教师可通过动画来表现某些教学内容中的重点、难点，这也是吸引学生选择性注意的一条有效策略。例如，在"基因指导蛋白质的合成"内容的教学中，用动画模拟出DNA解旋、碱基互补配对、mRNA通过核孔、mRNA与核糖体结合、tRNA转运氨基酸、多个氨基酸脱水缩合形成多肽等过程，取得了良好的教学效果。

（四）教授学生注意策略

要发挥学生的主体作用，让学生真正成为学习的主人，教给学生专注于重要信息的策略非常重要。如果学生能在生物学学习中自觉地使用选择性注意策略，对重要信息主动地选择性注意和加工编码，将有效提高学习效率。因此，教师在教学中可结合教学内容，引导学生习得和学会下列选择性注意策略。

第一，画线或标着重号。在重要文字下面画线或标着重号，让学生辨明重要信息，并给予标记，以增强对重要信息的敏感性，集中注意于重要信息，提高学习效率。例如，在学习基因的自由组合定律实质时，在两个"非"（非同源染色体和非等位基因）字下着重标记。也可用眉批、脚注的方式，标明画出的重要文字及它们之间的关系，例如，讲述同源染色体概念时，可在"形状大小一般都相同"的"一般"二字下脚注："X和Y染色体例外。"

第二，写摘要和列标题。摘要是用自己的话概括材料的主要内容，列标题是对全部学习材料或每段材料的中心内容进行概括。无论是写摘要，还是加标题或小标题，都能使注意集中于主要信息上，提高学习效果。例如，DNA分子复制过程可摘要为"解旋、配对、延伸、再螺旋"九个字，学生也可以把这九个字作为小标题标注在课文的相应位置上。

第三，做笔记。维持注意力于学习任务上的时间长短与学习成绩呈正相关。做笔记是控制、维持选择性注意的有效途径。要记下学习内容必须专注于所学内容。同时，为了跟上教学进度，不可能记下所有信息。因此，做笔记不仅有助于维持选择性注意，也有助于培养学生主动加工信息、辨别重要信息的能力。

第四，注重反馈。督促学生关注出错的反馈信息，并找出错误原因，以加深印象，避免再错。让学生建立一个"错题本"，及时把做错的题目记录下来不失为一个好办法。

二、高中生物结构化教学的复述策略

复述策略是指为了在记忆中保持重要信息而对信息进行重复识记的策略。

（一）复述策略的应用

复述的方式包括原型式复述和创造式复述。

1. 原型式复述的应用

原型式复述是学习者对书中的知识原样的重复。如果是学习一些比较重要的，但是知识又比较简单的内容，那么，教师可使用这种方法对学生进行引导，让学生在大脑当中重复这些重要的简单知识，让这些知识变得更加巩固，让知识从短期记忆变成长时记忆。举例来说，真核细胞与原核细胞体现出的本质差异是细胞核是否是成形的，细胞膜的主要组成物质是脂质和蛋白质，这些知识都可以让学生通过重复复述的方式进行记忆。除此之外，也可利用课本知识填空的方式进行知识复述，这种方法可以让学生知道哪些知识是重点知识，让学生对知识内容有了更高的识别能力。

2. 创造式复述的应用

创造式复述指的是学生重新整理学习材料，并对材料进行一定加工和改造，然后让大脑以新的方式将信息复述出来的学习方式。按照信息加工方式，可以对创造式复述进行分类：

第一，组块复述。人的大脑在短时记忆时，能储存的知识是有限的，正常人的脑容量在5～9组块之间。如果对组块容量进行更改，那么记忆的知识容量会有所增加，因此应对组块方式进行优化，以此来提高短时记忆过程当中知识的记忆质量。例如，可以把细胞中的九种最主要的元素分成三个不同的组块：第一个组块是炭氢氧，也就是碳水化合物；第二个组块是氮磷钾，也就是植物需要的主要肥料，第三个组块是钙硫镁。

第二，分类复述。分类复述指的是对事物进行不同特征的分类，然后有条理地记忆事物的一种复述方法，这种方法要先将所有的信息汇总起来，然后分类，最后进行复述，这种方式能够提高复述效果。举例来说，在进行基因分离定律的概念记忆时，可按照不同的特征进行分类。首先，按照交配类型可分成杂交、侧及自交；其次，按照形状可分成显性性状、隐性性状、相对性状及性状分离；再次，按照基因可分成等位基因、显性基因及隐性基因；最后，按照个体可分成杂合体、纯合体、表现型、基因型。

第三，摘要复述。它是指通过记忆事物具有的主要特点或事物梗概来进行记忆的一种方法。举例来说，在记忆细胞膜的功能时，可将功能总结成分隔、交流及控制三个方面。可将生物膜系统具有的功能概括成三个方面的保证：保证物质的正常运输、信息的正常交流、能量的正常转化；保证生命活动可以有序且有效地展开；保证可以顺利进行各项化学反应。利用摘要复述的方法可以让学生更好地掌握知识中的重点部分，还可以让学生形成一定的概括能力。

第四，画图复述。学习生物内容时，可一边思考一边画流程图或思维导图。举例来说，在学习蛋白质合成及运输的内容时，就可为蛋白的分泌、合成及运输画一个流程图，绘制流程图时，需要学生综合运用感官系统，需要学生记忆不同知识之间存在的逻辑关联，绘制的过程就是学生深层次思考、复杂性分析的过程，这非常有助于学生将短时记忆变成长时记忆。学生以后在提取大脑中的这部分知识时，也可以利用自己的感官线索提取知识。

第五，表格复述。利用表格可以让知识变得更有条理，知识变成条理化形式之后，更有利于学生对知识的提取，有利于学生复习和巩固知识。

（二）复述策略的注意事项

第一，应及时进行复述。在学习新知识后，最好在短期内就进行复述，这样可以取得更好的效果，时间长了之前的记忆容易衰弱，还有可能对后续知识的学习造成困扰，而且大脑储存短时记忆的区域容量是有限的，如果不能尽快复述，有可能导致记忆消失。

第二，复述应做到少而精。如果使用一种策略进行知识的复述，那么学生可能会感觉到无聊，这时可重复运用多种复述策略，简化复述中的枯燥感，而且一次复述的内容应尽量少而精，这样达成的教学效果才能是更高效的。

三、高中生物结构化教学的组织策略

高中生物学知识点多，知识面广。许多学生感到生物学难学、难记、容易遗忘，很容易将各个知识点混淆，这是因为他们在学习生物学知识时死记硬背、机械理解而导致知识表征不恰当。学生的知识表征不恰当，会导致知识的"僵化"。在生物学教学中，如何让学生将头脑中的知识组织成一个有层次、有条理的整体，这就需要运用组织策略。

（一）聚类组织策略

聚类组织法也称为归类法，它是指根据事物特征或归属来组织信息的一种方法。这种方法有助于学生构建不同知识之间的关联，让知识更具整体性特点，可以有效提高学生的学习效率。

（二）纲要组织策略

纲要组织法指的是将学习材料中的要义及纲目要点提取出来的一种学习方法。"纲举目张"原来指的是把渔网用力抛出去，手抓住绳子另一端，这样整个鱼网就四散开来。应用在生物课堂教学中指的是传授给学生提炼生物学习材料中主要纲目要点的能力，以此来让学生更简单地记忆知识，这种方法可以让学生更好地掌握知识的精髓部分，掌握知识的本质特点。按照纲要表达方式，可将纲要组织法具体分成以下几种：

第一，数字纲要法。它指的是利用数字来表示生物学习材料的层次，将材料内容逻辑关系体现出来的一种方法。学生要学习的生物学材料涉及各个层次的知识，每个层次的知识中包含的要点也非常多。为了将这些知识具有的层次关系表现出来，可以使用数字的方式进行分层，如一、二、三……1. 2. 3. ……①②③……，通过这样的序号可以让知识之间的联系展现得更加清晰。在高中生物教学的过程中，教师应充分利用数字纲要法，引导学生注意不同知识之间存在的种种关联，通过这种关联构建生物学认知结构。

第二，图表纲要法。它指的是利用流程图的方式或表格的方式对知识进行分类整理的一种方法。在生物知识的学习过程中，利用图表纲要法可以让知识更直观地呈现出来，可以让不同的概念功能及作用过程之间的内在联系更直观地呈现在学生面前，学生可以从图表及流程中了解知识之间存在的复杂关系，在清晰了解后，学生更容易记忆和把握，更容易通过内在的关联构建生物学认

知结构。

第三，网络纲要法。它指的是通过连线的方式将所有的生物材料编入到一个网络结构中，并通过连线来展示所有生物材料之间关系的组织方法。一般情况下，会以生物学主题为主要的知识中心，以此为中心向外扩展其他和生物学主题有关的知识，最终通过连线的方式将这些知识构建成一个网络结构。知识之间的连线可以是交错的、向两侧进行的，也可以是向上或向下的，在连线的上方需要明确地标出这两个知识之间存在的关联，也就是将两个知识的意义关系清晰地标注出来。

利用网络纲要法，可以帮助学生将各个知识点正确地联系在一起，从而在学生头脑中构造一个清晰的知识网络，便于学生对整个知识架构的掌握。如可以把染色体当作生物学主题，以此为主题进行网络纲要图的绘制。通过网络纲要图的绘制，学生可以更好地认识物质的遗传规律、细胞的分裂规律、遗传物质的变异规律等知识，也可以将和染色体有关的相关概念汇总在一起，进行整体归纳，归纳相关概念的过程，还有助于辨析和比较类似概念。

四、高中生物结构化教学的精加工策略

精加工策略指的是大脑为了将学过的知识更好地理解、记忆，会在之前学过知识的基础上添加新的知识，是实现知识的拓展和延伸的一种策略。精加工策略属于对知识进行深层次加工，在生物学知识的学习过程中，使用精加工策略需要将新的知识和学生学过的知识进行一定联系，通过建立联系让学生更好地记忆新的知识。因为利用精加工的方式，新的知识和旧的知识有了关联，所以当学生在之后的学习过程中需要重新调动这些知识时，知识的检索会更加容易。

（一）精加工策略的内容

精加工策略一般可分为人为联想策略和内在联系策略。

1. 人为联想策略

通过联想，使生物学学习材料被人为地赋予意义，和头脑中的已有知识经验取得联系，从而提高对生物学知识的记忆效率。人为联想的策略具体如下：

（1）谐音法。谐音法就是利用音同或音近的字代替需要记忆的文字，使之成为通顺、有趣、易记的文字。例如，八种必需氨基酸可编成一句话——携一

两本单色书来［缬氨酸、异亮氨酸、亮氨酸、苯丙氨酸、甲硫（蛋）氨酸、色氨酸、苏氨酸、赖氨酸］。又如，植物细胞培养液的成分：蔗糖、矿质元素、有机添加剂、维生素、植物激素；动物细胞培养液的成分：葡萄糖、氨基酸、无机盐、维生素、动物血清。两者合起来记做：糖矿有危（维）机（激），葡氨无危（维）险（血）。运用谐音不仅使无意义的材料变得有意义，还可以使枯燥乏味的材料变成简短的一句话，让学生在轻松愉快的环境下迅速记住。

（2）口诀法。口诀法就是把需要记忆的生物学知识用简短、精练的语言编写成口诀来记忆的方法。例如，植物细胞有丝分裂的分裂期过程可概括为"二体二消（前期核膜核仁消失，出现染色体和纺锤体），中期排板（中期染色体着丝点排列在赤道板上），姐妹分家（后期着丝点一分为二，姐妹染色单体分离，平均地分向两极），反前一板（末期和前期相反，染色体纺锤体消失，核膜核仁重现，并形成细胞板）"十六字口诀。口诀法对要记忆的材料进行了语意层次的信息处理和主观组织，因而提高了记忆效果。

（3）形象联想法。它指的是抽象的理论知识不好记忆的时候，可以将抽象知识和比较直观的形象联系在一起，让记忆变得更容易。例如，DNA分子化学结构在记忆的时候，就属于抽象知识，不太容易记忆，这时可将DNA分子化学结构近似理解成是一架梯子，可将磷酸及脱氧核糖核酸看成梯子两边交替出现的扶手，然后可将碱基当成是梯子中连接两边的横档，通过这样的联想更容易记忆。

除此之外，歌谣法、夸张法、数字标钉法等也是很好的人为联想策略。但使用人为联想策略时，要注意防止学生出现"会记不会用"的现象。教师在给出记忆策略的同时，应该让学生完成一定量的应用性练习。另外，还要提高学生用生物学术语表达问题的能力，以免学生使用口诀或比喻中的语言来回答问题。

2. 内在联系策略

内在联系策略属于精加工策略，该策略要求理解材料背后体现出的深层含义，通过深度加工实现真正掌握知识、深刻记忆资料。具体来讲，内在联系策略主要有以下几种：

（1）类比法。类比是在不同的对象之间寻找这些对象具有的相同属性或相似属性，类比方法是精加工方法中的重要组成部分之一，通过类比方法可让原本抽象的知识变得形象、具体，可拉近学生和陌生知识之间的距离，除了学生可使用类比方法学习新知识之外，教师也可运用类比方法传授知识。如果教师可熟练掌握这种方法并加以运用，那么，将有助于教学效果的快速提升。需要注意的是，类比方法的运用需要选择恰当的类比策略，只有这样才能真正发挥该方法的作用。

（2）比较法。比较方法指的是将学习中的概念或知识进行比较分析，寻找知识是否存在相同之处或明显的不同之处，通过对比和分析的方式，让学生更好地记忆知识的一种方法。在对比的过程中，学生可更精准地了解知识内涵，更清晰地记忆不同知识之间的区别。举例来说，在学习无籽番茄和无籽西瓜的知识后，教师可将无籽西瓜和无籽番茄的主要形成过程及运用的原理进行比较，通过比较学生可清晰地知道它们都属于无籽果实。但是，它们也存在一定的不同，无籽番茄属于单性结实，无籽西瓜是多倍体育种形成的一种果实。通过对比，不同章节的知识有了关联，也更好地提升了学生的学习质量。运用这种方法区分相似的生物学知识时，必须抓住区分的重点，将比较对象具有的最明显的不同区分出来，寻找不同对象之间最相似的部分。举例来说，在比较和分析减数分裂及有丝分裂的过程时，教师可对比两种分裂过程中染色体的变化情况、细胞数目的变化情况、DNA数量的变化情况等，通过对比这些方面的变化，凸显有丝分裂和减数分裂的明显特征，让学生对这两个分裂过程有更本质的认知。

（3）扩展和引申。对学到的知识进行一定扩展或延伸，可加强学生对新知识的理解，这也是学生经常使用的一种知识学习方式，在拓展和延伸的过程中，学生进行了更深层次的思考，对知识的印象也更深刻。除此之外，在知识的拓展和延伸完成后，学生可以获得更丰富的知识，他们的知识范围扩大，这更有利于学生进行知识和知识之间的连接。举例来说，在学习等位基因的内容时，除了死记硬背等位基因的概念之外，也可以对等位基因定义中的内容进行扩展。扩展主要从三个方面进行：首先，数量，等位基因要求基因必须是成对的；其次，性质，在一对等位基因中，遗传效应是对应的；最后，存在，等位基因位于同源染色体的相同位置。通过这样的扩展分析之后，学生不用靠死记硬背去理解等位基因的定义，他们可以完全用自己的话将等位基因的概念复述出来。

（4）概要法。概要法是用一句话或有规律的几个字概括生物学知识要点来帮助记忆的方法。概要法有利于学生对知识的理解，可提高记忆的效率。例如，噬菌体侵染细菌的过程可概括为"一吸二附三合成，组装释放再侵染"；各个细胞生物膜层数可以总结为"线叶双，无心糖"（线粒体和叶绿体有双层膜、没有膜结构的是中心体和核糖体）。

（二）精加工策略的注意事项

人为联想策略也好，内在联系策略也罢，这些策略在进行知识的精加工时，本质上都是为知识提供一个更合适的提取线索，让知识可以更好地储存、更好地提取。学习过程中，如果想要编制合适的提取线索，就需要注意两个方面的问题。首先，精加工必须有助于学生的信息处理，应避免学生对知识的死记硬背，应促进学生对知识的理解和吸收。其次，精加工必须符合学生当前的知识水平。只有这样，学生才能通过精加工的方式构建新知识和已有知识之间的关联，才能更新原来的知识网络，如果水平不吻合，那么新知识和已有知识就没有办法进行同化归类。有一些学生原有的知识水平比较低，这样的学生很难进行较好精加工，所以，教师应为他们提供一定的帮助，让他们也可以更好地构建自己的生物学知识体系。

第四节　高中生物有效教学中的实施策略

一、深刻理解新课标、合理使用教材

首先，应该对新课标进行深入理解，教师在备课的过程中需要努力钻研课程内容，选择适合学生的策略和方法，在整体上对新课标进行充分的把握，这样，备课时才能始终不脱离中心主题，才能有明确的目标性。除此之外，无论是确定目标、确定内容、选择手段还是语言的运用，都需要考虑到学生的实际需求。

其次，科学的运用教材。教材是重要的教学工具，也是教学依赖的课程资源之一。改革之后的生物教材有非常鲜明的特点，内容也变得更加丰富，信息量也变得更大。它的内容不再单纯为了材料累积，还有一些是为了激发学生的兴趣，有一些内容是需要学生自己学习的。因此，教师需要科学合理地使用教材，需要讲解的在课堂中进行讲解，需要学生自己学习和理解的可以要求学生课下进行自学。教师要对教材内容进行一定的取舍，适当的时候也可以突破章节之间的界限，把教材知识整合起来，让教材中的内容发挥出最大功效，让学生依托教材掌握更多的生物知识。

二、科学设计"三单"

首先，《问题生成评价单》。《问题生成评价单》主要针对的是学生的课前预习情况，预习对学习成功与否有非常关键的影响，《问题生成评价单》中对学生的预习方法提供了一定指导。虽然学生之前也接受过预习方面的培训，但是因为没有形成习惯，还需要在学习的过程中继续培养学生的预习方法。除此之外，《问题生成评价单》主要针对的是学生要学习的基础知识，充分预习基础知识后，课堂当中可以有更多的时间解决重点问题。与此同时，《问题生成评价单》要求内容应适当，不宜过多。

其次，《问题解决评价单》。第一，《问题解决评价单》应用于课堂中学生的小组合作，主要为了解决学当中的重点问题、难点问题，《问题解决评价单》需要教师提前预设学生在预习中遇到了哪些问题，《问题解决评价单》中应尽量包含学生可能遇到的所有问题；第二，《问题解决评价单》的内容应适当，不宜过多，问题之间最好有一定关联性；第三，《问题解决评价单》中问题的设计应保持适当难度，涉及的内容深度应有严格的管控，要符合学生当前的生物学习水平，问题的设置应是正确、合理的，不可以出现错误和漏洞。

最后，《问题拓展评价单》。《问题拓展评价单》是针对学生课后知识复习、知识巩固的。《问题拓展评价单》在设计时要求题目应做到少且精，优质的题目可以让学生举一反三。教师需要预先设想学生可能遇到哪些疑问，并针对这些疑问设置问题，然后在答案中附上问题的详细解答步骤。学生可以在做完练习后，自主进行答案的核对，这在一定程度上节约了教学时间。

三、提升教师能力

第一，教师课堂的管控和教育能力应该提升。首先，在进行小组讨论的时候，有展讲任务的小组，教师应该给予指导和帮助，以此来提升小组的整体知识水平；其次，展讲过程中，如果学生提出的质疑比较多，那么教师应积极介入，避免学生陷入没有价值的问题讨论中，教师可以引导学生讨论更有价值的思考问题，只有这样教学才是高效的；最后，教师没有必要预留时间特意培养学生的科学素养，科学素养的培养应和知识的学习进行融合，教师可以寻找适当的时机引导学生，让学生养成科学的观点、科学的态度，培养学生在科学探索方面的兴趣。

第二，教师应进行更多反思。教师要想实现进步最有效的方法就是进行自我反思，要树立更强烈的反思意识，不断反思自己的教学水平、自己在教学育人方面的能力是否有所提升。教师应做到每节课都进行反思，反思这节课中有哪些教学亮点与不足，应如何改正教学不足等，要在下一次的教学工作中，更好地运用更有效的教学策略。

　　综上所述，教学追求的是有效教学，是要在最短的时间内实现最高的教学效益，教师应朝着这个方向不断努力。教学本身是一门科学，没有固定的教学方法，也没有固定的教学风格，教师需要根据实际需要选择合适的教学策略和方式，教师只有不断进行深入细致的研究，才能逐步完善自己的教学风格和教学方式。①

① 杨彬彬. 高中生物有效教学的实施策略［J］. 考试周刊，2012（37）：155.

第四章

翻转课堂模式及其应用价值体现

4

第一节　翻转课堂及其教学设计

一、翻转课堂的特征与方法

莫林·拉格和格林·普拉特是美国迈阿密大学的经济学教师，他们从1996年开始进行翻转课堂的相关实验。这些实验不仅大受欢迎，而且取得的效果也相当不错。《颠倒的课堂：建立一个包容性学习环境的途径》是他们发表的一篇文章，对"翻转教学"这一模式进行了阐述，这加速了翻转课堂作为独立概念被提出来。在第11届大学生教学国际会议上，J.韦斯利·贝克发表了他的论文《课堂翻转：使用网络课程管理工具，成为身边的指南》，至此极大地提高了翻转课堂的影响力。

亚伦·萨姆斯和乔纳森·伯格曼这两位化学教师来自美国科罗拉多州林地公园高中，他们将自己的教学过程录制下来并上传到网络上，让学生通过自主学习补上落下的课程，这样的方式受到学生的喜欢，并且采用这种方式的学生的成绩也得到了提升。后来，这一做法逐渐被其他教师所接受和采纳。亚伦·萨姆斯和乔纳森·伯格曼这两位教师意识到：学生其实有能力进行自主学习，教师实际上只需要在他们遇到困难和问题的时候出现，并给予他们相应的帮助即可。萌生了这样的想法之后，这两位教师就把所有的化学课程全部录制为视频，然后提供给学生，让学生在上课之前通过观看视频先进行学习。如此节约了很多课堂时间，教师也能利用课堂时间为学生答疑解惑。

从2011年开始将"翻转课堂"引入国内，并将其理解为：教师在课程开始前就将各种数字化材料分发给学生，让他们根据材料自学，然后在课堂上师生一起互动探讨，并最终完成教学目标的一种教学形态。伴随着网络的普及和用户规模的增加（2021年，我国即时通信用户规模达9.83亿人），以及教育改革的深入，为了让学生真正成为学习的主人，翻转课堂已经被很多教师认可并采纳。需要注意的是，美国翻转课堂实际上是翻转了"在家"和"课堂"的学习，而我国本土化的翻转课堂则翻转的是"课前"和"课中"的学习，二者既有区别，又有联系。

（一）翻转课堂的特征

翻转课堂是在教师课程开始之前按照教学计划、教学内容、教学重难点将微视频精心设计和制作出来，学生可以在课下选择合适的环境自主学习教师制作好的微视频，然后在课堂上师生可以一起讨论、交流，解决学生自学时遇到的疑难问题或课堂作业，这种新型教学方法即是"翻转课堂"，其特征如下：

1. 采用先学后教模式

翻转课堂是十分典型的一种先学后教的教学模式，在这种模式下，学生要在课程开始之前通过观看教师录制的视频或网络教学视频做笔记，完成相关的作业。课堂开始后，学生可将自己在自学过程中遇到的问题及做作业时遇到的难题告知教师，和教师一起探究并最终解决问题。随着时代的发展和社会的进步，翻转课堂也要进行转型。在不改变"先学后教"顺序的同时融入新的方法和技术。以网络微视频为基础的先学后教是一种较为成功的教学模式。

与传统课堂以讲学稿、导学案为基础的先学后教模式相比，网络条件下由微视频主导的先学后教模式具有以下几个特征：①生动的讲解。和传统纸质的导学案相比，以视频呈现出来的教师讲解必定会更加生动、形象，从而受到学生的欢迎和喜爱。②及时的反馈。与纸质导学案相比，由微视频主导的先学后教模式能更加及时地得到学生的反馈。不管是课前学生自学情况的反馈，还是课堂上学生的学习反馈，教师都能够迅速得到。③容易检索和保存。相较于导学案而言，电子资料更加方便检索和保存，更加有利于学生的复习。但实际上，不管是导学案还是微视频，所采取的都是先学后教的模式，二者的原理是相同的。

2. 对学习流程进行重建

翻转课堂最外化或者说最明显的标志就是它颠倒了教学流程。学生的学习过程被分成两个阶段：一是"信息传递"，这一阶段的实现离不开师生和生生之间的互动；二是"吸收内化"，这一阶段由学生独立完成。因为课下没有同伴的帮助，也没有教师的指导，因此学生常会在第二阶段，即对知识进行内化吸收时产生深深的挫败感，从而打击自身学习的积极性，丧失学习的成就感。

翻转课堂模式的出现就重新建构了学生的学习过程。在课前，学生就已经完成了"信息传递"，并且学生在自学时能看到教师的讲解视频，能得到教师的在线指导；课堂上，教师会引导学生通过互动完成对知识的吸收和内化，教师通过了解学生的反馈能给予更加有效的辅导，而学生间的彼此讨论交流无疑也对学生的知识内化起到了较好的促进作用。

3. 重新定位教师与学生角色

（1）教师角色发生转变。传统课堂教学被称作教师的"一言堂"，伴随着翻转课堂的兴起，这种现象得到了改善，教师一改以往刻板的知识传授者角色，转而成为学生学习的指导者与促进者。由此，学生的主体地位得以充分体现，学习主动性与积极性的发挥也成为影响学习效果的关键因素。但是，削弱教师的主导作用并不意味着教师在课堂教学中不再重要，而是要求教师转变自身的角色观念，为学生的探究学习、小组学习等提供指导。

除此之外，在翻转课堂应用的背景下，教师还被赋予了教育资源提供者、教学视频设计与开发者的角色使命，尤其是在学生课前的自学阶段，以视频为主的学习资源的提供至关重要，学生需要通过这些资源掌握本堂课的相关知识点。课堂学习中，教师为学生的疑答解惑也需要依靠教学视频，以增强讲解的生动性，从而加深学生对知识点的理解。如此，教师便成为学生知识学习与应用中的"脚手架"。

（2）学生角色发生转变。学生原本就是学习的主角，这一观点在翻转课堂教学中得到了更正与强化，学生可根据自身的知识水平、学习能力等调整学习进度，相对自由地选择学习地点和时间。在课堂上，学生可以通过协作学习、小组学习进行知识的吸收和内化。在课堂上，学生也担当着知识生产者的角色，那些学习速度较快的学生也可以给其他同学提供帮助，从而承担了一部分"教"的角色。

（3）新型师生关系的建立。不管是课前的自学还是课上的交流，其中心都是学生，学生能自主掌握学习视频的进度，可将内心的想法和问题与教师、同学交流，他们在学习过程中比以往拥有更多的主动权，这是重新构建的和谐师生关系。翻转课堂对重构师生关系十分有利的原因在于，教师让学生自主选择探究题目，独立完成探究过程，完成知识体系的建构，真正将学生视为学习过程的主体。

（二）翻转课堂的方法

1. 翻转课堂中学生学的方法

（1）学生课前观看视频的方法。翻转课堂不同于传统教学课堂，它主要通过教学视频的方式来完成教师传授知识的过程。这个过程是学生在课前完成的。另外，学生课前通过教学视频来学习一些原理性、事实性的理论知识，从而对教学内容有一定的了解和学习。学生在课前观看教学视频的过程实际上是一个自我调控的过程。翻转课堂涉及的教学视频较短，一般控制在7～10分钟。在这么短的时间内需要完成基础理论知识的学习，就需要使用一定的策略和方法。因此，学生课前观看教学视频也需要掌握一定的策略和方法，具体分析如下：

第一，学生必须具有一定的自制力和控制力，这是顺利观看教学视频的基础和前提。学生在观看教学视频时应选择一个相对安静的环境，保障没有外界的干扰，以便于他们能够全神贯注地投入视频观看中去。

第二，学生可结合自己的学习情况有选择对视频进行回看。同一个教学视频，不同的学生观看会遇到不同的问题。同时，部分学生在很短的时间内完成教学视频的观看，这样不仅捕捉不到教学视频的核心知识，也不利于学生下一步的讨论与学习，更不利于提高自己的独立探究能力。因此，在观看视频时，学生应对自己负责，并根据自己的实际情况进行视频的观看与学习，必要时可以回看视频，从而真正掌握视频中的理论知识。

第三，在观看视频的过程中，学生应认真做好笔记。笔记的内容可以是自己感兴趣的知识，可以是自己的比较疑惑的问题，也可以是一些具有探究性的深入问题。这一步在课前观看视频中起着十分重要的作用。

综上所述，学生在课前观看视频是需要掌握一定的策略和方法的，这样他们才能进行快速而有效的学习。

（2）学生进行独立探究的方法。独立探究策略凸显了学习的独立性、自主性、开放性，同时也凸显了教学的实践性。学生在课前观看视频时，采用独立探究策略是十分重要的，这种探究策略也可以运用到实际教学中，从而凸显学生的主体性。

随着经济全球化的不断发展，社会对探究型、创新型人才的需求更加强烈。因此，在实际的高中生物教学中，教师应多培养学生的独立探究意识，提高学生的独立探究能力，进而培养和提高学生的创新能力。翻转课堂正是适应当今时代的一种新型教学模式。在翻转课堂教学模式中，学生可以积极主动地参与到教学活动中，并进行独立探究的学习。同时，翻转课堂教学打破了传统的教师传授—学生被动接受的模式，它注重学生知识的获取过程。在翻转课堂中，教师也不再是教学的主导和中心，学生的主体性地位得以彰显。同时，在知识获取的过程中，学生自主学习和主动性代替了教师的传授知识的学习。另外，学生在独立探究过程中，遇到一些问题和困难是难免的，这时教师更应发挥自身的引导作用，帮助学生理解和学习。更为重要的是，学生在独立探究的过程中，能够体验到学习的乐趣，从而提高其独立探究的热情。

2. 翻转课堂中教师教的方法

（1）教师制作教学视频的方法。翻转课堂是否能顺利实施，教学视频起着关键的作用。优秀教学视频的制作离不开优秀的教师。教师在制作教学视频时，应保障教学视频的可行性和高质量。教师在制作视频时可以结合自己已有的知识独立制作，也可以采用或参考网络上的一些高质量教学视频。教师在录制视频时需要用到很多的辅助工具，其中截屏程序是必不可少的。截屏程序的作用主要是在教师录制完教学视频后，截取掉一些不需要的视频内容，从而完成对教学视频的修改和完善。在录制视频的过程中，教师也可以借助网络摄像头来完成重点内容的录制。教师为了突出重点和难点，需要在白板上进行作图时，可借助数字笔通过注释的方式来完成。

综上所述，教师制作教学视频的质量直接关乎教学效果的实现，要想制作出高质量的视频，教师需要注意以下三个方面：

第一，从视频的时间上入手，保证视频的短小，确保视频时间控制在10分钟以内，具体的视频时间可根据学生的实际情况确定。

第二，保证声音有力、节奏适中、语气恰当、语言顺畅。只有这样，才能激发学生学习的兴趣，进而吸引学生观看教学视频。另外，教师在录制视频时，可以根据情节需要，变换自己的语调、语气等。

第三，确保视频中语言的幽默性。教师可根据实际需要适当增加一些幽默性的语言，这样能够调动学生学习的积极性。

（2）教师教学生观看视频的方法。如果教师制作高质量的教学视频是教学成功的关键，教师教学生观看视频是教学成功的基础。要想保证翻转课堂在网上课堂中实施的顺利性和效果的成功，教师必须引导学生注重观看教学视频时的策略。教师可以先让学生意识到观看视频的重要性，然后鼓励学生独立观看教学视频，最后通过一些具体的策略来引导学生如何观看教学视频。下面对学生如何观看教学视频做进一步分析。

第一，清除不利于学生观看教学视频的一切要素。通常而言，学生在观看视频时习惯性地将其他无关网页打开，这时教师应将这些不利因素及时清除。另外，在刚开始实施翻转课堂教学模式时，教师应集体训练和传授学生如何观看教学视频，并对教学视频的控制进行讲解，如教给学生如何使用暂停键和倒键等。同时，教师应引导学生悟出观看教学视频的真谛和价值，激发学生观看教学视频的兴趣。总之，教师应提高学生对视频的控制能力。

第二，观看视频中如何做好笔记。教师应让学生知晓，在观看视频时应掌握做笔记的技巧，可以记录重难点，也可以记录知识点，并做好归纳和总结。

第三，鼓励学生寻找问题并提出问题。这样有利于了解学生完成任务的情况，培养学生独立探究和学习的能力。

（3）教师进行课堂教学的方法。实施翻转课堂教学模式最重要的一步就是教师课堂教学的策略。只有教师组织好教学活动，通过教学策略的实施促进学生完成学习任务，最终完成知识的建构。

在翻转课堂教学中，教师可以根据学生的实际情况及教学内容采用不同的教学策略。例如，提问策略、实践性策略、合作讨论策略、共享策略等，保证翻转课堂的顺利实施。

总之，翻转课堂打破了传统的教学模式，注重学生的主体性，提高了学生自主学习和独立探究的能力。在这一过程中，教师不再是权威者和主导者，而是教学活动的引导者和组织者。如何高效地利用课堂时间，如何有效地实施翻转课堂，需要教师具有稳固的知识、丰富的教学经验及超强的管理能力。

二、翻转课堂的教学设计

（一）翻转课堂教学设计的因素

翻转课堂高中生物教学设计是一项十分复杂的工作，它的影响因素有很多，如学习活动、学习资源、学习环境、学习分析等，下面对这些因素进行系统分析。

1. 学习活动

在翻转课堂设计中，课堂学习活动的设计是核心。只有在良好的学习活动的基础上，才能更加有效地实施翻转课堂。在翻转课堂模式下，课前就已完成了知识的传递，课堂上就节省了教师讲授知识的时间。因此，怎么充分地利用课堂时间组织活动加速知识的内化，是翻转课堂能否成功的关键所在。翻转课堂的教学活动按照活动的展开范围可分为全班交流活动、小组学习活动、个人学习活动三种。其中，小组学习活动是这三种活动中较为常用的。

2. 学习资源

要想使翻转课堂得到有效的实施，必然离不开各种优质学习资源的使用。这些资源包括电子课件、微课视频、学习网站、文本教材、电子教材、练习题、在线课程等。其中，最重要且最常用的学习资源就是微课视频，它集中讲解了新的知识点。翻转课堂的学习资源更多地用于学生的课前学习。为了提高学生自主学习的效率和效果，教师不仅要将相应的视频资源提供给学生，还要为学生设计自主学习任务单，以引导学生的视频学习。学生可以参照学习任务单，明确观看视频的重点，从而顺利完成知识的自学过程。

3. 学习环境

翻转课堂的实施离不开网络学习环境的支持，如学生的学习终端和网络学习平台等。网络学习平台在翻转教学模式中发挥着较大的作用，它能够为高中生物教师提供个性化推送，能够实现师生之间的互动交流，能够收集和分析学生在线学习的各种数据。在翻转课堂的实施方面，网络学习平台是最基础的环境。学习终端也具有很多功能，如支持学生微视频学习、网络交流、在线测试等。

4. 学习分析

在实施高中生物翻转课堂时，教师还有一项十分重要的工作，就是利用学习分析技术解释和分析学生在课前网络学习过程中产生的大量数据，从而判断出学生的学习进度及可能存在的学习问题，或对学生的协作能力、批判性思维及解决问题的能力等进行分析，在此基础上对自己的教学过程或教学内容进行适当的调整。

举例而言，教师发现高中生物微课的某个知识点或某个环节被学生多次重复点击观看，就要意识到这里可能是学生学习过程中的一个难点，或是自己制作的视频在这里出现了问题等。在作出种种猜想之后，教师再根据具体情况进行相应处理。

（二）翻转课堂教学设计的内容

1. 过程的设计

（1）确定学生课外学习目标。高中生物翻转课堂的设计第一步就是将学生的学习目标确定下来。翻转课堂使课内外的教学颠倒过来，学生在课外已经对新知识进行了学习，课内则将更多的时间放在知识内化上。因此，学生在课内和课外的学习活动有着不同的学习目标。在确定目标时要考虑以下几个方面：

第一，详细阐述学习目标。对于学生完成学习任务前后所发生的能力和行为方面的变化，学习目标应做出重点解释。从认知领域的学习目标来说，罗伯特·F. 马杰的著作《程序教学目标的编写》中指出：完成的教学目标具有一些基本要素——条件、行为、标准。在进行具体的教学设计时，有必要在以上三个要素的基础上添加一个新的要素——对教学对象的陈述。为了方便记忆，可以将制定教学目标的要素简称为"ABCD模式"，具体如下：

A——对象：详细说明教学所针对的对象。

B——行为：阐明通过学习学习者所发生的行为方面的变化，在描述行为时，应更多地使用"了解""知道""应用""掌握""理解"等词。

C——条件：论述行为产生的条件。

D——标准：对达到上述行为的最低标准作出明确的规定。

第二，学习目标是能够实现的。在制定学习目标时，往往要考虑很多因素，如学生的认知规律、年龄和知识水平等。若学生的年龄不同，他们的知识和能力水平、认知规律等也会存在差异，对不同的学习活动他们能够达到的学习效果也会各不相同。因此，制定的学习目标应该是学生能够实现的。

第三，学习目标是可测量的。教师制定出来的学习目标一定是可量化的，这样有利于对学生达到学习目标的程度进行测量。每一个学习目标都要有与之对应的评价活动和评价问题，还要有评价工具对学生完成目标的情况进行收集。

（2）选择翻转内容。在翻转课堂的课外学习目标确定之后，教师就要对翻转内容进行选择。选择翻转内容时，必须以学生的特点和认知规律作为出发点。

（3）选择内容传递方式。选择内容传递方式主要指的是媒体工具的选择，正是这些媒体工具承载着学生翻转学习的内容。通常翻转课堂中可用到的媒体工具有两类：第一，文字、视频、图片等承载着翻转内容的媒体资源；第二，传播资源的系统工具，如学习管理系统、网络教学平台、网络终端和交流通讯平台等。通常决定着选取何种学习内容传递方式的要素有：要传递内容的大小和形式、学习者的位置及其接收设备等。在综合考虑各种因素的基础上，教师要选择传递信息量大、传递速度快、信息获取方便的最佳方式，以方便学生个性化学习的开展。

（4）准备教学资源。在学习内容和传递方法都确定了之后，就到了学习资源的制作环节。学习资源可以自己开发制作，也可以搜集网络上的相关资源，但不管是通过何种途径形成的学习资源，都要与此前制定的学习内容一致。此外，资源的大小和形式等也要与传递工具相匹配。

（5）确定学生课内学习目标。课内学习目标和课外学习目标是存在差异的。课外学习目标主要是针对低阶思维技能提出的，因为课外学生的学习活动更多的是培养学生的识记、理解和应用能力。在课内，学生要和教师、同学深入地讨论交流、开展探究活动，更多的是培养评估、分析和创造等能力，所以，课内学习目标更注重高阶思维技能方面。

（6）选择评价方式。在课程开始前，师生都应该对课堂教学活动做好充分准备。低风险的评价方式是课堂上教师评测学生的常用方式，这种方式不评价学生的等级和分数，主要用来发现学生在学习过程中存在的问题，以便师生对自己的计划进行相应的调整。课前小测验就是经常用到的一种低风险评价方式，小测验有3~4个题目，它既检测了课前学生所学到的事实性知识，又使学生有了一个综合应用新知识的机会。通过这个测验，教师可以将测验中的问题告知学生，学生也可以就自己的困惑向教师提问，从而得到满意的解答。因此，在课程开始前用低风险的评价方式对学生的学习效果进行检验是较为有效的教学策略之一。低风险评价的方式有很多种，教师可以根据学生课前的自主学习内容选择最佳的评价方式进行评价。

（7）设计教学活动。通过之前的评价，教师已经大致明确了学生的学习难点，此时教师需要根据课程目标和学习难点设计最佳的课堂教学活动。课堂学习的重点是解决学生在自主学习过程中的难点，引导学生对新知识进行应用，并将学习内容引向更深的层次。因此，所设计的教学活动要有利于培养学生的高阶能力，如探究学习、基于项目的学习等。

（8）辅导学生。只有在教师的正确引导下，课堂上的教学活动才能取得预想中的优良教学效果。在学生开展学习活动时，教师应在旁边予以适当的指导，有时对于那些存在困惑的学生，教师还有必要进行个性化辅导。在学习过程中，对学生所提出的问题，教师要及时给予答复；在学生学习结束或汇报学习成果时，教师要进行总结，引导学生进一步内化知识，完成知识的升华。

2. 任务单的设计

（1）学习任务单的设计方法

在高中生物学习任务单的设计过程中，最关键的有两个方面：一方面，是学习目标的设计；另一方面，是学习任务的设计。

① 学习目标的设计。学习目标从本质上而言，同教学目标的根本方向是一致的，它是由教学目标转化而来的。学习目标的设计目的在于反映学生在自主学习情况下的学习效果。学习目标通常是确定的，因此它是一个常量要求，而不是变量要求。在学习目标的指导之下，学生的自主学习应当有一个进度计划，并根据自己的实际需求完成各项学习活动，以达到掌握所有的学习材料，完成学习目标的目的。

一般而言，学习目标的设计可分为两个步骤进行：一是以教材为依据，进行详细而深入的分析，确定具体的教学目标；二是对既定的教学目标进行转化，使其成为适应学生学习实际的学习目标。虽然学习目标是由教学目标转化而来的，但两者不是完全等同的。因此，教师应当明确地向学生说明他们在自主学习时应当完成的各项学习任务，并要求他们通过观看教学视频完成学习任务单上给出的各项学习活动，这样学生就能对自己的学习目标形成一个清晰的认识，这对于学生自主学习的高效完成是不可或缺的。

② 学习任务的设计。学习任务的设计同样是学习任务单设计中一个至关重要的部分。学习任务的设计科学合理，就能为学生自主学习的实现提供重要保障。一般而言，学习任务的设计，应当按照以下要求进行：

第一，与学习目标的要求相符合。学习目标的设计目的在于使学生在开展自主学习之前，就能够对自己的学习活动及自己所要实现的学习效果形成明确的认识。要想真正将学习目标落实到学生的学习实践中，就必须以良好的学习任务设计作为保障。这样学生只要完成了既定的学习任务，就能自然而然地达成学习目标。如果教师能将学习任务设计得科学又合理，那么学生也就能在自主学习中快速而有效地实现教师所预期的教学目标。

第二，具备把知识点转化为问题的作用。在高中生物学习任务设计过程中，最有效的一个途径就是将学生所要掌握的知识点转化为具体的问题。具体而言，就是将教学中的重点、难点及其他一些知识点通过问题的方式呈现在学生面前。对教师而言，这种转化不仅是必要的，也是必需的。首先，把知识点转化为问题具有非常强的可操作性，因为自主学习的导向便是问题，有了问题，学生就能开展自主学习；其次，将知识点转化为问题能在很大程度上启发学生的思维，培养学生分析问题和解决问题的能力。

第三，将知识点的涉及面与权重考虑在内。高中生物学习任务的设计有两个关键的因素：对教学的难点、重点及其他知识点都应当有所涉及；对于各类知识点的权重要有明确的把握。一般而言，教学的难点和重点需要细化分解为更具体的问题，才能使学生加强理解和记忆，而其他一般性的知识点则只需要一个问题就能使学生达到掌握的目的，所以，教师对于各类知识点不能一概而论。

第四，为学生提供便捷的资源链接。学生在自主学习过程中，需要大量的学习资源作为支撑，因此，教师应当在设计好的学习任务中，设置比较醒目和便捷的资源链接，这样一来，学生就能够及时获取所需的学习资源，高效地完成学习任务。

第五，适当融入练习。学生经过自主学习，能够掌握一些基础知识，如概念、原理等，此时最需要的就是对这些内容进行巩固，教师应适当地在学习任务的设计中融入一些联系，让学生技能通过练习检测自己自主学习的效果，又能获得学习的成就感。

（2）学习任务单设计的注意事项

第一，明确学习目标与学习任务的关系。学习目标与学习任务的关系十分密切，但两者并不是一个概念。在学习任务单的设计过程中，有部分教师对这两者没有形成清晰的认识，容易导致学习任务单的设计出现问题。

第二，知悉课前任务与课堂任务的关系。虽然在翻转课堂教学模式下，学生在课前观看教学视频开展自主学习是一个非常重要的关节，但从根本上来说，课前的自主学习并非翻转课堂的核心环节，课堂教学中的交流互动与探究学习才是翻转课堂的重中之重。换言之，学生课前的自主学习是课堂开展的基础，也是课堂学习的重要保障。翻转课堂要想实现成功的翻转，最关键的是参与课堂教学的学生要在课前观看视频的过程中进行积极的思考，并提出问题，只有这样，才能推动课堂教学中一系列互动和探究学习活动的有效开展。可见，学生在观看视频之后，完成学习任务单所规定的学习任务，并不足以支撑课堂教学活动的顺利进行，其中不可或缺的是学生还应积极思考，发现问题。带着问题参与课堂教学。这样学生就能在课堂的互动中与同伴合作探究，以达到解决问题的目的。

由此可见，学生在课前观看视频的过程中思考得越充分，发现的问题越多，课堂的互动与探究也就越能够有效地展开，课堂教学效果自然也就越好。所以，教师在设计学习任务单时，应当明确课前与课堂的任务及目标的关系，在对它们进行设计时，也应当保持在合理的范围之内。否则，很容易导致课前与课堂的任务与目标之间产生混淆，导致无法实效预期的教学效果。

3. 学案的设计

学案也被称作导学案，指的是教师所设计的能够对学生的自主学习和知识建构起到指导作用的材料。学案的作用是多元化的，如导读、导思、导视、导练。

（1）学案的构成

学案对学生的自主学习起到重要的指导作用，高中生物学案在构成上应当包含诸多足以支撑学生学习活动开展的因素，如学习目标、重难点、知识链接、学习指导等。

第一，学习目标。学习目标指的是学生在完成一系列学习活动之后所应当达到的程度。教师在设计学案时，应当为学生设置具体而明确的学习目标。目标的数量切忌过多，通常设置2~4个是比较合理的。此外，教师还需要注意，教学目标的表述中不要用模糊的词语，如"了解""掌握"等，要用明确的词语，如"解决……问题""记住"等具体的词语，这样才能确保学生明确目标并为实现目标而努力。

第二，学习重难点。教师在设计学案之前，要明确课表的具体要求，并对教材进行深入分析，然后根据学生的实际学习情况，确定学生学习的重难点。

第三，知识链接。教师要在学案中为学生提供丰富的知识链接，以便于学生巩固旧知识，预习新知识，从而为以后的学习奠定基础。

第四，学法指导。学法指导可通过两种方式来呈现：一是在知识的导学中融入学习方法；二是单独呈现学习方法。常用的学法有自主学习法、阅读法、做笔记法等。

第五，学习内容。在学案设计的诸多要素中，学习内容是一个非常关键的部分，它通常包括自主学习、合作学习等内容。学习内容的设计不仅要体现学案导读、导思、导视、导练的作用，而且要对知识进行更深层次的挖掘。

第六，展示提升。展示的根本目的是实现学生的提升，它不是传统意义上的重复讲解与核对答案。针对这一环节的设计，教师必须体现创新性与互动性，使学生无论是在小组展示还是班级展示中都能获得提升。

第七，学习小结。学习小结指的是对本堂课的知识进行最后的归纳总结，目的是加深学生对知识的理解与记忆。

第八，达标检测。达标检测的设计要注重题型的多样化，但是题量和难度应当适中，并体现出一定的典型性和针对性，使其真正起到检测学习成果的作用。学生完成检测之后，教师应当给予及时的指导。

第九，学习反思。师生在课堂教学中形成的学习反思是重要的教学资源。学案要留有一定的空白，使师生能够及时对自己的反思进行记录。学生通过记录自己的学习反思，能为以后的复习提供许多便利。

（2）学案设计的方法

① 学案设计的要求。高中生物翻转课堂学案的编写不能对课程标准与教材中的相关内容进行照搬，而是要以学生的有效学习为中心，进行具体的教学设计。通常而言，高中生物翻转课堂学案的编写主要有以下几个要求：

第一，帮助学生梳理知识体系。帮助学生梳理知识体系要过好教材关。首先，要充分理解教材的编写宗旨，把握教材的知识体系和知识结构；其次，要掌握教材中针对不同层次的学生所提出的学习要求，深入理解个性化教育的深刻内涵；最后，要把握学生获取知识的全过程，寻找激发学生思维和能力的关键点。

第二，为学生提供适宜的学习方法和学习策略的指导。高中生物学案的编写，要求教师在教学过程中实现由关注自身如何教向关注学生如何学的转变。因此，学案应当具有较强的指导性和预见性，使学生能够在学案的指导下积极地进行思考，实现学会与会学两者的有机统一，使学案真正成为教师教学的依据和学生掌握学习方式与知识体系的重要载体。

第三，学生的个性发展与全面发展要统一。每个学生都是一个独立的个体，在自身学习能力和知识水平上，都存在不同程度的差异，因此学案的编写应当将这一方面充分考虑在内，使学案能满足不同层次学生的学习需求。需要注意的是，学案并不是僵化、一成不变的，在使用的过程中，教师完全可以根据现实的教学需求，结合自己的思考和理解对学案进行个性化加工，从而最大程度地发挥学案的价值。

② 学案设计的具体方法。

第一，明确教学目标，建立知识结构框架。高中生物学案设计的目的之一就是指导学生的学习，因此，学案中应当将教学目标明确体现出来，并保证其全面性，即除了单一的知识目标，还要包括相应的能力目标、德育目标等。与最为重要的知识目标相对应的，就是系统的知识结构框架，如宏观的学科知识结构、微观的课时知识结构，这也是学案设计需要格外关注的地方。

第二，把握知识的重难点，找出最佳切入点。除了基础知识的铺列，学案设计还要注意把知识的重难点体现出来，让学生明确本次学习的着力点。同时，教师要发挥辅助者的作用，为学生攻克重难点知识提供相应的方法，引导他们通过发散思维分析出问题的症结所在，并在个人努力与通力合作中将问题解决。

第三，设计问题，培养学生运用知识的能力。在学生基本掌握知识之后，教师就要培养其对知识的运用能力，设计问题就是一个很好的方法。具体而言，就是教师以学习内容为依据，以学生的学习能力为参考，以启发学生的思考为目的，设计一些实用性的问题，学生解决问题的过程就是在实际中运用知识的过程，由此，学生的知识运用能力自然会得到提高。

第四，通过练习及时自查和巩固学习效果。练习是学案设计的最后一个环节，也是最不可或缺的部分。学生在系统的知识学习之后，必须通过检验才能得知其学习效果，学案中练习题的设计就可以起到促进学生自查的作用：一方面，自查可以让学生明确自己的学习情况；另一方面，教师也能根据自查的结果对学生开展针对性的指导，改善其学习效果。

4. 活动的设计

翻转课堂包括课前自主学习与课堂互动探究两个主要环节。在课前自主学习环节，学生虽然掌握了一定的知识，但这些知识并不成系统，而是"碎片化"的。只有在课堂上，通过活动与探究，对这些"碎片化"的知识加以整合，才能实现吸收和内化。所以，对课堂环节的设计是翻转课堂实施的一项关键内容，也是对教师教学设计能力的一个极大考验。高中生物教学课堂活动的设计主要涉及以下方面的内容：

（1）确定问题。高中生物翻转课堂不同于传统的生物课堂教学。在翻转教学课堂中所探究的问题并不是由教师单独决定的，而是由教师与学生共同确定的。从教师的视角而言，在提出问题之前势必会结合教学大纲、教学目标及教学的重难点。而从学生的视角而言，在提出问题时，他们会参考自己在课下看视频的情况和结果，也可以根据课前的一些练习及与同伴之间的讨论，将一些课前无法解决的问题呈现出来。通过综合分析师生的不同的问题，最终确定翻转课堂所探究的问题。

（2）合作探究。合作探究最常见的形式就是小组协作。教师可以根据学生的实际情况，按照每组4~6人的规模来划分小组，之后，将探究的问题分配给每个小组。同时，为了小组讨论的顺利进行，教师应在每个小组中选取一个组长，由组长来负责该组的探究活动。在合作探究中，教师应鼓励小组内的每个成员都积极参与讨论和探究，并结合主题和自身已有的知识提出自己的见解，通过不同成员的交流与讨论来解决问题，实现学习目标。需要注意的是，在每个小组讨论的过程中，教师必须发挥指导的作用，及时捕捉学生探究的动态，从而选取一些合适的学习策略。除此之外，在合作探究中，教师应引导学生先解决组内问题，再交流与讨论其他组的问题，这样不仅能够激发学生学习的兴趣，还能提高学生的参与意识，从而实现教学目标。

（3）展示质疑。经过合作探究之后，就进入了下一个阶段——展示质疑。通过合作探究之后，教师应组织全班学生将自己或小组内的协作探究成果展示在教学课堂中。这一过程中，教师只是一个组织者和引导者，教师可以对学生提出的观点或意见加以补充，但不可以代替学生表达，真正将课堂变成学生的研讨会。在组织学生展示时，教师可以采取的形式有很多种，比较常见的有演讲、比赛、成果展示等，保证各个小组都有发言的机会，实现学习与讨论的共享。

（4）点拨评价。在展示质疑之后，教师需要根据不同学生的表现和观点进行点拨评价。对学生一些错误的观点和答案，教师应充分发挥引导作用，及时指出和更正学生的错误；对学生不完整的观点和答案，教师也应有针对性地对其进行补充和完善；对一些没有确定答案和比较开放的问题，教师则没有必要统一学生的答案和观点，而应鼓励学生积极参与到讨论中，并发表自己的观点。总之，教师应该在学生合作探究和展示质疑之后，对学生的完成情况进行归纳和总结，从而了解学生学习的情况及存在的问题。另外，教师可以根据学生已掌握的知识、未掌握的知识及需要进一步拓展的知识来设计下一步的教学方案，保证教学方案的真实性、针对性和可行性。需要注意的是，在点拨评价完成之后，教师应给学生布置下一次的教学视频及需要探究的问题，使学生不断吸收新知识。

（5）达标测评。高中生物翻转课堂活动设计的最后环节是达标测评。经过以上四个环节的不断推进，学生已经掌握了课程标准所要求的知识目标与基本技能目标，同时学生对教学中一些基本概念、基本原理有了进一步的理解与认识，并能够灵活地进行应用。因此，教师可以通过下课前的5～10分钟来对学生的能力进行达标测评，从而更好地进行下一步的教学。达标测评不仅有利于检验学生的学习情况和技能水平，还有利于学生综合能力和灵活应用能力的提高。

综上所述，高中生物翻转课堂教学活动的设计，其实就是一个确定问题—解决问题—评价问题的过程。众所周知，无论是传统教学课堂还是翻转课堂，其时间都是固定不变的。因此，在实际的教学中，教师应根据不同环节的重难点来安排和调整时间，从而为翻转课堂的实施提供保障。[①]

---

① 袁锦明.高中生物学教学实施"翻转课堂"的实践与思考［J］.生物学教学，2014（8）：22-23.

第二节 翻转课堂教学模式的要求

一、翻转课堂教学模式对教师的要求

教师在培养人的过程中，一直是属于引领者身份，不管是在翻转课堂教学模式中还是在其他教学模式中，教师都希望能够为培养新时代的合格人才出一份力。作为教师，应该以身作则，敢于接受新教学模式的挑战。

首先，教学理念的转变与升级。相较于传统的教学模式，翻转课堂教学的新模式是随时代发展产生的新兴教学模式，在教学模式的推进过程中，教师从最开始的认真学习到积极实施，其中改变的不单单是教学模式，更是根深蒂固的教学理念。教师需要充分把握翻转课堂的教学内涵，翻转指的是知识内化及知识传授两个环节，而不是简简单单地观看课堂视频。相比于传统的教学模式，翻转课堂教学模式更加注重以学生为中心，而不是以教师为中心，应该切实从学生的反馈出发进行教育教学，充分发挥学生在教学过程中的主体地位，让学生能够积极地投入学习课堂中。

其次，较高的信息化素养。翻转课堂教学模式的实施环节相较于传统教学模式更加复杂、多样，包括制作课前视频、搜集课堂学习资源、组建课堂PPT，课上多媒体教学技术的使用等，都需要教师具有较高的信息化素养。

最后，教学设计能力的提高。翻转课堂教学模式主要是对时间和空间上知识传授及内化两个阶段的翻转，知识传授环节的翻转体现在由课内翻转至课外，知识内化环节则是由课后变为课上。因此，教学设计的编排不仅只是在知识传授环节进行，知识内化环节更加需要巧妙的教学设计。教师在教学设计的过程中，应将学生学习的反馈进行整合，创设合理的课堂情境，厘清课堂思路和上课逻辑。种种迹象表明，相较于传统的教学设计，翻转课堂教学模式更具挑战性。

二、翻转课堂教学模式对学生的要求

在传统的课堂教学中，教师是占主体地位的，学生总是跟着教师的思想走。但在翻转课堂中，上课前，学生可以自主选择学习时间、地点及教学进程，还可以对一个内容进行反复学习。当学生在学习过程中产生疑问时，可以直接在课前或课中进行反馈，教师则进行有针对性的解答惑疑。学生在自主学习的过程中，可以通过相互协作和讨论探究构建自己的知识体系，成为学习的主导者。在翻转课堂模式中，学生更容易获得成就感，能大幅提升学生的自信心。但在一定程度上对于学生本身也是一个很大的挑战，需要学生转变学习方法，提高学习的技能。

首先，学生具备自主学习能力非常重要。传统课堂传输的教学理念是学生通过听讲学习知识，称为"学会知识"，而翻转课堂教学模式则旨在引导学生"会学知识"。在进行教学的过程中，翻转课堂教学模式更加注重学生的自主性，在课前的视频学习及交流讨论环节，学生要自己做主，对知识进行自我整合，注入已有的学习知识体系中，以自己的方式掌握知识，所以对学生来说，是极具挑战性的，也能锻炼自主学习的能力。另外，翻转课堂教学模式需要长时间的培养和引导，所以不太适合低年级的学生，高年级学生相对来说已经具备了自主学习的条件，更加适合这种教学模式。但实践证明，对高年级学生来说，翻转课堂教学模式的适应度并不高，因为一部分学生由于传统教学模式的影响，自主学习的能力不强，对新模式的适应能力较低，这样学习起来就相对困难，学习兴趣也就有所减弱。因此，新模式的实施面临着学生自学能力不强这一大挑战。

其次，学生具备与他人交流的技能非常重要。进行互动讨论环节时，需要学生具备与他人沟通交流的技能。当同伴存在疑惑时，学生需要有条理地说事实讲道理，给同伴答疑；当自己有疑问时，也需要自己通过准确的语言表达难处，便于同伴和教师能够明确问题并进行答疑；或是在进行小组学习的过程中，需要协调好组内同伴的关系、领导好组内的成员，这也需要较强的沟通能力和技巧。通过翻转课堂教学模式，可以从很大程度上提高学生的社交能力。

再次，学生具备信息化素养非常重要。数据时代的到来，使电子设备不断普及，学习也变成了智能化的时代。本身就具备一定信息化素养的学生将更多的时间用在了娱乐游戏上，极少使用在学习上。对专门的学习软件的使用，学生是生疏的，对软件的不熟悉，导致学生使用的时间很少，大部分的学习工具需要教师或家长引导才能正常使用，这就需要学生提高自身的信息化素养。

最后，学生具备学会自我管理的能力非常重要。在翻转课堂教学模式中，学生的自主权得到了保证，学生可以自主决定学习的时间、形式和进度。学生的知识还可借助电子设备和网络来获得，随着学习方式的不断完善，就需要学生自主决定自己想要在学习上花费多少时间。在新的教学模式下，需要学生能够合理分配好娱乐和学习时间。

第三节　翻转课堂教学模式的发展前景

　　翻转课堂对现代教学有着很大的影响，由此，翻转课堂也成为教学改革的焦点。通过翻转课堂，可以帮助学生不断培养和提高自主学习能力，提高学习效率加深学习印象。翻转课堂在学习自主性上的培养能够让学生探寻适合自己的学习时间和地点，从而获取他们感兴趣的知识，提高学生的学习兴趣和效率。

　　翻转课堂为师生建立新型平等友好关系搭建了很好的平台，通过翻转课堂能够拉近师生的距离和增进师生的感情。与传统课堂不同的是，翻转课堂中的教师不再只是讲台上的传授者，更多的是扮演引导学生、与学生成为朋友等的角色。能够在学习的道路上不断鼓励学生，在知识探索的过程中引导学生。教师的身份从"主演"变成"导演"，从讲师变为导师，从传授者变为支持者和引导者。在翻转课堂中，教师强调教学的因材施教和学生的个性化发展。每一个学生都是独一无二的，这就需要教师能够因材施教。在理想的翻转课堂上，教师可以提供多种学习途径，包括音视频、网络、实践活动及在线模拟等以学生为中心的教育项目，由此解决现实世界的问题。教师在挑选学习资源类型的过程中，应该考虑到学生的年龄、自主程度及不同学科类型。除此之外，翻转课堂的发展前景还有以下几种表现形式：

　　第一，具有更加丰富的课程内容。翻转课堂教学需要很多的优质视频教程作为其发展支撑，以此吸引更多优秀的创作者加入，也能融合更多的教学资源和教学案例，刺激产生了更多优秀的创作。通过这些资源和创作者，能丰富教学内容和教学来源。

　　第二，具有更加多元化的教学互动方式。翻转课堂是不可或缺的一种教学方式之一。相较于以往的单一平面视频教学，翻转课堂转变为立体化的、数字化的教学发展。在目前的教学中，多为平面视频教学，包括直播和录播，与线下相比较，在课堂中缺少现场学习氛围。比如，随着VR技术的不断成熟，高中生物教学中将不断引进VR技术，丰富生物教学环境和氛围，进而提高学生的学习兴趣。

第三，教学中大数据技术的应用将促进翻转课堂的发展。随着大数据时代的发展，可以通过学生的学习数据，了解学生不同的学习路径、学习时长、学习地点及学习效率、难易程度掌握程度等学习情况。通过学生的数据优化课程结构及课程时长。另外，在整合学校信息数据后形成各自的数据库，这样，就能通过大数据辅助学校组织教学，其中包括课程内容的整理、课程来源的管理及课程运用的管理等。新技术的引入提升了整体的教学体验，如感知智能技术、语音交互、体感交互等方式。多样化的教学技术进一步促进教学质量的提高。

第四节　翻转课堂在高中生物教学中的应用价值

翻转课堂的别称是颠倒课堂，主要是指在教室教学设计的过程中，重新设计课堂内、外的时间，将学习的决定权交还给学生。翻转课堂教学模式中，教师的主要职责是引导学生探索，促进学生自主学习能力的提升，并不断提高学生自主掌握知识的能力。在高中生物的教学内容中，有很多奥秘知识，这就需要教师能够将翻转课堂教学模式贯穿于教学中，促进学生掌握生物知识的能力。

一、参照高中生物知识，设计相关学习视频

在进行翻转课堂的实践过程中，教师可以结合相关教学视频，将丰富的生物知识置入学习视频中，引导学生自主学习，充分运用生物知识不断揭示生物知识的奥秘。比如，教师讲解"叶绿素的提取"时，可充分利用视频资料引导学生学习相关知识，也就是将基本知识点融入翻转课堂中，让学生理解和掌握其中的知识，通过翻转课堂教学可提升学生的学习兴趣，给学生补充知识点。在学习教学视频的过程中，即使学生没有进行动手实践，但是通过观看视频能够吸引学生的兴趣和注意力，从而在学习的过程中提炼出自己的见解或疑问，最终达到活跃课堂氛围的效果。另外，通过前期的视频观摩，学生在实战练习的过程中，能够借鉴和记住视频中的重点和难点内容，从而加深学生对整个实验的熟练程度，促进实验成功进行，最终达到教学目标。

二、明确翻转课堂教学目标，优化教学环节

在教学课堂中，最重要的是引导学生学习生物知识。因此，在运用翻转教学设计教学的过程中，教师应掌握好翻转教学的教学目标，通过教学设计引导

学生更好地掌握生物知识，提升学生学习生物知识的综合能力。

例如，在设计"分子与细胞"章节的教学目标时，教师首先需要明确该知识点的目标是提高学生的实际能力和实验动手能力，然后展开"植物细胞质壁分离和复原"的相关实验。在实验前，教师应该先解释，依据学生的掌握程度实施分组实验，让学生能够从小组实验中开展学习：第一步，实验原料的准备，如洋葱、蔗糖溶液等实验样品的准备；第二步，学生按照小组规划展开各组的实验操作。

在实验的最后，教师要对实验进行延展扩充，可通过提问的形式，引发学生的思考，如在实验过程中，如果缺少紫色洋葱样本，能否直接用白色洋葱外皮细胞进行实验；如果洋葱的外皮颜色不同会有怎样的实验效果；是否能用洋葱无色内表皮细胞进行实验等。通过此次学习，翻转课堂可充分运用引导作用促进学生积极思考、参与其中，激发学生的探究能力和思考能力，最终促进学生学习和掌握生物学习中的知识点。在课堂中，教师巧妙借助问题进行引导，能不断提升学生的探索能力和解决问题的能力，最终实验教学的目标。

三、基于翻转课堂，提升高中生物教学效率

高中生在知识储备方面已经有了一定基础，在进行生物知识教学的过程中结合翻转课堂教学模式，对学生来说是事半功倍的。翻转课堂教学的实施需要教师设计良好的教学环节，更需要教师引导学生参与生物实验知识的学习。通过做实验，可以培养学生学习生物知识的兴趣，在实验操作过程中，也需要学生掌握良好的学习方法和教学步骤。因此，翻转课堂教学模式在生物教学中就起到了积极的作用，提升了学生的学习能力和实践能力。

比如，在讲解"观察植物细胞"的实验过程中，当实验中需要操作显微镜时，教师就可以运用翻转课堂教学进入教学：第一步，运用翻转课堂中的视频设计方法引入课堂主题，让学生大致了解本次课堂的学习内容——学习植物细胞相关知识，为做实验先打下基础；第二步，当学生通过视频了解了课堂的基本内容后，引导学生仔细观察植物细胞的结构，逐步归纳出植物细胞的基本特点，由此达到深入学习植物细胞相关知识的目标，包括有丝分裂等知识点；第三步，除了学习知识以外，复习知识也是学习中不可或缺的步骤，翻转课堂还可以通过实践操作帮助学生复习相关知识，也就是通过翻转课堂进行自主复

习，不断提高学习效率。

　　总而言之，通过翻转课堂，既能帮助教师提高教学质量、促进开展教学工作，又能帮助学生充分培养和发挥自主学习的能力，促进学生参与生物实验的积极性，提升学生掌握生物知识的能力。翻转课堂教学模式的实施对开展教育教学起着至关重要的作用，因此，在高中生物教学过程中，教师应不断学习和借鉴优秀的翻转课堂教学模式，积极组织教学实践和教学设计，不断提高学生自主学习的综合能力，培养学生良好的自主科学探究能力。

第五章

高中生物教学中翻转课堂教学模式的创新

5

第一节　翻转课堂下高中生物分层
教学阶段与设计

一、翻转课堂下高中生物分层教学阶段

翻转课堂的合理分层和开展步骤主要包括三个阶段，分别是课前、课上和课后阶段。高中生物的合理分层是指以翻转模式为基础将课程进行合理的划分，学生为了更好地理解和消化知识可根据自身需求选择合适的学习层次，这样才能实现合理分层的真正意义。

（一）课前阶段

在翻转课堂的实施过程中，课前阶段资料开发的内容主要有：①资料收集；②导学案编写；③制作学习视频；④联系测验等。合理分层的课前分层的主要内容有：①教学目标分层；②导学案设计分层；③微课设计分层；④在线测试分层等。例如，教师在讲授"ATP的主要来源—细胞呼吸"的教学中，通过教材内容进行酵母菌呼吸方式的探讨研究，课前需要的资料准备包括：多渠道的资料收集、教师和学生一起编写导学案、将资料整理进行微视频制作、视频学习后的联系测验等，然后再对测试的综合结果进行层次划分，分别为A层、B层、C层三个层次，其中A层指优等生、B层为中等生、C层为后进生。学生可结合自身情况自主选择合适的学习层次，完成学习后可通过在线测试了解自己的学习效果。教师在课前可结合学生的测试结果等综合因素做好分层计划，然后将分层教学与翻转课堂进行有机结合，将分层教学融入转课堂中，在课前分层的同时开发课前资料，使课前阶段的准备更加科学合理。因此，在课前阶段同时进行课前分层和资料开发是非常有益的事情。

（二）课上阶段

课上教学在实施翻转课堂的过程中是可以灵活运用的，但合理分层的课上分层可明确分为四个层次：①授课分层；②指导分层；③活动分层；④辅导分层。例如，在"探究酵母菌的呼吸方式"的课上教学中，当学生提出"发面时为什么面会变得蓬松，面食加工后为什么会有不同的口感味道"的问题时，教师可根据每个学生的不同特点（在学习方法、学习质量、性格、能力、智力、兴趣、爱好、特长等方面的差异）在课堂授课、组织活动或进行个别辅导的时候有针对性地解答学生的问题，这也是翻转过程中分层教学的一种方式。观看完视频后，层次不同的学生学习效果也会有差异，选择A层次的学生也许能够准确地理解整个呼吸作用的教学内容；B层次的学生可能对呼吸作用的原理理解一般，但能认同其结果；C层次的学生对整个呼吸过程可能只是有一个粗略的了解。相对来说，C层次学生会存在更多的问题需要解答，更需要制作课前视频帮助其学习。当B、C层次的学生遇到不能理解的学习问题时，既可以通过课堂教师帮助解答，也可进行知识内化，进行教师与学生、学生与学生之间的协作学习，同时分组解答也是一种可行的方式。那么在这个过程中，处于B、C层的学生是辅导分层的主要对象，其需要解答的问题的答案是："酵母菌在发酵的过程中会分解有机物，释放二氧化碳，产生的气体会使面团变得蓬松，同时酵母菌也是兼性的厌氧菌，随着时间的变化在发酵的不同阶段会产生不同风味的物质"。

课上分层使各层级的学生的成绩都得到相应的提高，同时提高后进生的学习兴趣，这样既能将翻转课堂与分层教学结合起来，又能在翻转教学的同时开展分层教学。在翻转教学中，课上阶段有着承前启后的重要作用，而课上灵活教学和课上分层教学是课上阶段必不可少又紧密相连的两个部分，它们相互之间有着相辅相成的作用。

（三）课后阶段

课后研修评价是对翻转课堂中课前和课上阶段的教学总结和评价反馈，在合理分层中课后分层的主要内容有：①多维分层；②测试分层；③评价分层；④反思分层等。例如，同样在"探究酵母菌的呼吸方式"的教学中，不同层次的学生在课后通过对生活细节的观察，其解答同一问题的答案是不一样的。课后阶段的教学内容根据学生思维的差异灵活性更高，教师与学生可通过互联网进行交流，也可进行反思学习，教学内容和形式可随时进行更新，从而使学生的信息科学素养能力得到有效提高。加强课后师生间的交流互动，学生可随时将课堂的学习效果反馈给教师，教师也可将不同层次学生的教学效果反馈、评价结果和测试成绩等进行综合整理与仔细研究，之后制订层次教学计划。课后研修评价和课后分层在翻转课堂的课后阶段是同时进行的，它们之间的结合进展也非常顺利，在开展翻转课堂的过程中开展的分层教学也得以顺利完成，它们之间是相互促进、相互协调的。

二、翻转课堂下高中生物分层教学设计

（一）课前分层

在翻转课堂的实施过程中，课前阶段资料开发内容是从多渠道的资料搜集，到教师和学生一起编写导学案，再到资料整理进行微视频制作，最后是视频学习后的测验等。实施课前分层的主要意义是提高教师对所有学生进行综合分析的合理性。

1. 教学目标设计分层

教学目标设计分层是以成绩和综合素质为依据将学生划分为A层、B层、C层三个层次，综合素质指的是学生的学习天赋、个人智力、兴趣、爱好、特长等。其中，A层次的学生通常具有较为突出的新知识学习能力，在制定教学目标时主要是培养其对视频资料进行评价的能力和思维创新能力；B层次的学生对新知识的学习能力一般，教学要求是掌握课前资料并完成教学任务，在制定教学目标时主要培养其学习的主动性和决策能力，同时他们要以A层次的学生为榜样；C层次学生的学习能力较弱，教学要求是完成教学大纲即可，在制定教学目标时主要提升其合作探究能力和解决实际问题的能力，同时缩短与B层次学生之间的差距。

2. 导学案设计分层

与传统导学案编写时只有教师参与，学生不需要参与的方式不同，在翻转课堂中是以教师为主、不同层次学生共同参与的形式来编写导学案，这既使不同层次的学生需求得到了满足，也让导学案的编写更具活力，同时也是以"学生为本"教学原则的具体体现，使学生的学习兴趣更加浓厚，学习的主动性和积极性得到进一步提高。

3. 微课设计分层

微课相比于传统教学不但具有随时随地、反复观看的特点，同时能够快捷检索课程、课堂讲解生动形象并且能及时交流问题。随着现代信息技术的发展，教师可以让不同层次的学生参与微课的设计和录制，并根据不同层次的学生需求进行微课视频制作。

4. 在线测试设计分层

在线测试就是学生通过视频进行自主学习后对学习效果的线上检测，通过检测结果对学生进行分层，并针对不同层次的学生设计不同的练习题，如A层次学生的练习题内容主要是：教材内容、微课里面的重点、难点和课外拓展等内容。B层次学生的练习题内容主要是：教材内容、微课里面的重点、难点。C层次学生的练习内容主要是：基础知识。

（二）课上分层

学生观看完课前的视频资料后，遇到不能理解的学习部分，既可以在课堂中获得教师的帮助解答，也可以进行知识内化——进行教师与学生、学生与学生之间的协作学习。合理分层的课上分层是指当学生提出问题时，教师可以根据每个学生的不同特点，在课堂授课、组织活动或进行个别辅导的时候进行分层。课上分层的作用是能够使B、C层级的学生成绩都得到相应的提高，同时使后进生的学习兴趣提升。通过课上分层能够将教师的重要授课内容在课上阶段突显出来，并使各个层次学生的课堂教学任务在规定的时间内完成。

1. 课上授课分层

以课前阶段的分层教学法为基础，让学生预习课前阶段的学习内容，标记出其中的疑难问题，到课上阶段后，教师可将标记的问题导入到新课的多媒体教学平台上，然后通过分层分组的形式提高学生学习的主动性，促使学生进行合作学习。A层次学生的主要培养内容是：①创新能力；②实际动手能力；③综合分析问题的能力；④丰富学习技巧。B层次学生的主要培养内容是：①主动学习的能力；②自我的决断力；③熟练课本问题；④提高综合素质。C层次学生的主要培养内容是：①提高合作探索学习的能力；②实际动手能力；③基础知识和科学原理的学习。在小组学习过程中，老师与B层次学生一起参与到C层次学生的学习讨论中，然后与A层次学生共同协助B层次学生解决学习问题，最后再帮助A层次学生提升能力。

2. 课上指导分层

教师在教学活动中，在课上阶段根据不同层次的学生采取不同的指导方式，指导A层次学生可以通过学生自发提问的形式与其进行交流，主要培养他们多角度考虑问题的能力；指导B层次学生可以通过课上提问并将提问难度逐步提升的方式进行，主要培养其思维点拨能力；C层次学生的指导需要通过教师持续的启发和演练，既要加强基础知识的学习，也要加强培养他们的模仿能力。

3. 课上活动分层

在课堂上开展教学活动时，可以采用的分层方式是将同质和异质相结合，也就是以5人一组进行同质分层；10人一组进行异质分层。10人异质分层组是遵循"一帮一"原则，A层次中思维活跃的学生为B层次中思维较为稳定的学生提供帮助，B层次学生中思维稳定的学生又可为C层次中思维较弱的学生提供帮助，从而通过不同层次学生的互帮互助、共同探讨取得共同提高进步。

4. 课上辅导分层

辅导分层是为了提高课堂教学的有效性，更好地解决学生学习上的难题，在进行课堂教学设计时，教师需要根据不同学生的实际学习情况进行有针对性的分层辅导。课前在线测试分层以后，A层次学生的辅导内容主要是课外拓展知识，B层次学生的辅导内容主要是课本和微课中的重点、难点知识的学习，C层次学生的辅导内容主要是基础知识的学习，并通过互联网信息技术帮助C层次学生学习高效地解决实际问题，将留级率降到最低。

（三）课后分层

合理的课后分层主要包括多维、测试、评价和反思四种。课后分层的具体步骤为：①通过不同思维方式使课后内容更加丰富活跃；②评价和反馈课堂教学内容；③通过师生间的互动交流更好地改进教学内容；④学生在课后交流和反馈中对自己的学习进行反思。其目的主要是对教师的教学情况进行评价和检查，这也对学生的层次划分和学习效果产生重要影响。

1. 课后多维分层

在课后阶段，通过不同维度对教学内容进行分层，提升高层次学生的学习效率和学习效果，巩固中层次学生的学习效果，帮助低层次学生打好学习基础。教师在课后多维分层的教学中全面了解教材内容，根据不同学生采取不同的教学方法，设计不同的教学资源，让学生在学习过程中获得不同层次的锻炼及综合素质的提高，在层层推进中提高每个层次学生的学习能力，如促进C层次学生向B层次学生的靠拢。

2. 课后测试分层

通过单元测试或月测试的方式对学生的阶段性学习成果进行检验。教师会为各个层次的学生准备与其对应的测试试卷，对学生进行分层测试，其中A层次学生主要是综合运用能力的考查，并关注他们解决问题的灵活度，出题类型为综合应用题、实验探究题和设计类试题；B层次学生主要考查的是课本概念和变化原理的掌握，并关注其解决问题方式的稳定性，出题方向以课本基础知识和原理运用内容为主；C层次学生主要考查其对课本基础知识和原理运用的掌握程度，并关注其解决问题的主动性。同时，不需要非常频繁的进行的测试，而是关注质量和学生的认真态度，对学生阶段性的学习效果要时刻关注和了解。

3. 课后评价分层

教师通过测试成绩进行评价分层，但这并不全面，而应从更加长远的角度进行综合性的分析，做到纯粹地教书育人，培养学生正确的人生观，通过客观评价，培养出更自信、更有上进心的学生。评价的客观公正性非常重要，A层次学生可采取竞争评价的方式，实施高标准、严要求的评价原则，促使学生能够勇于拼搏，不断自我超越；B层学生可采取激励的评价方式，一方面要对其成绩给予肯定，同时也要将其中的不足进行指正，促使他们更加积极进取，勇敢向前；C层次学习要采取表扬评价的方式，提高他们的学习兴趣，促使他们改变自身的学习态度，提高学习的主动性。

4. 课后反思分层

教学反思包括以下两个方面：从教师角度出发的教学反思和从学生角度出发的成绩反思与反馈反思。教师对整个教学活动的反思就是教学反思，包括：课前阶段的教学视频资料制作、课上阶段的教学策略和教学的其他问题等；从学生角度的反思就是教师反思在教学活动中有没有做到以学生为本、是否体现出学生的个性化表现及是否与新课改的要求相符合等，从中吸取教训，总结经验。分层教学不能单一地考虑学生的成绩，而要进行综合因素的考虑。通过对在线交流和课上活动的反思，既能更好地了解学生学习情况，也能更加清楚不同学生的特点。教学反思可丰富教师的教学经验、提高教学价值、拓展教学思维，从而实现有效教学。

第二节　高中生物"探究性实验"翻转课堂教学

一、高中生物"探究性实验"翻转课堂教学内容

（一）高中生物"探究性实验"翻转课堂的教学理念

1. 翻转课堂教学理念

翻转课堂的教学理念是先进行新知识的学习，然后在课堂中对知识进行巩固，它颠倒了原本的教学模式，使学生在课前的学习过程中，可以更加自由地选择喜欢的方式、适合的时间和地点来学习，这体现了教育以学生为中心的理念和思想，也体现了先学后教的教学思想。

首先，以学生为中心的教学是翻转课堂理念中比较重要的理念之一。学生在课堂学习开始之前，需要自主查询资料、自主选择适合的方式，完成教师预留的任务，这个过程充分体现了学生的主体作用。也就是说，学生才是学习的中心，学生需要利用自己的主动性进行学习。在学习中遇到难以解答的问题，自己可以进行独立的探索，也可以与其他同学组成团队共同探索。除此之外，在课堂的学习中也应注重发挥学生的主体性，学生需要提出自己的疑问，并积极地参与小组讨论，或者和教师进行问题互动，这其中的行为都是对学生主体作用的凸显，学生始终都是课堂的中心。

其次，翻转课堂的出现重构了教学结构。它将原本需要学生自主进行学习的任务从课堂中分离出来，让学生在预习阶段自主完成学习，而课堂的时间则留给学生知识的内化及巩固，它改变了传统教学模式中教和学的顺序，学生在自主学习阶段知识的掌握是比较浅显的，经过教师在课堂中的指导，学生可以对知识形成更加深刻的认知。

2. 探究性实验教学理念

探究性实验的中心和重点主要是通过探究的方式对未知的知识进行深入的了解，探究是学生主动进行的，是学生为了满足自己对未知内容的好奇心而开展的活动，教师应对学生的探究性活动进行指导，让学生在探究实验中获得准确的实验结论。

第一，探究的本质目的是真实。学生必须亲自参与生物探究性实验活动，这是保证真实的前提，如果探究活动本身不是真实的，那么，探究的意义获取就无从谈起。探究性实验教学的目的是让学生亲自参与某一个探究环节的探究活动或是通过整个小组的配合完成相关的探究实验，无论是哪一个探究活动都要求学生参与到活动中去，让学生进行未知知识的探索，最终获得可知的知识，将知识深深地印刻在脑海当中。在知识的探究过程当中，学生可以更好地领悟什么是科学家精神，更好地知道知识的得来并不是凭空出现的，而是科学家经历了大量实验不断探索才形成的。探究性实验全程都要求学生亲自参与，所以探究性实验完全体现了把学生当作学习中心的教学思想。

第二，探究性实验的独特性。它和验证性实验或演示性的实验存在本质上的区别。有一些验证性实验是可以由教师呈现给学生的，学生只需要观察教师实验过程及实验的现象记住最终的实验结论即可。但是，探究性实验要求所有的实验过程都需要学生参与，所有的实验结果都是学生自主获取的，它主要突出的特点就是学生自己完成实验。在探究性实验的完成过程中，学生先要进行自主探究，最后要自己分析结果、讨论结果，这个过程充分地体现了先学后教的教学理念。

无论是翻转课堂教学还是探究性的实验都强调以学生为中心的教学思想，探究性实验需要学生亲自参与课前的学习，也需要学生进行自主学习。这两种形式都突出了学生的自主性和主观能动性，无论是翻转课堂还是探究性实验都要求学生具备一些基础知识，在原有的基础上学生需要进行深入的交流和讨论，让知识实现更好的迁移，它们都体现了先学习再迁移的教学理念。

（二）高中生物"探究性实验"翻转课堂的教学形式

1. 翻转课堂教学形式

从教学结构的角度来讲，翻转课堂的教学形式颠覆了之前传统教学模式遵照的教学顺序和结构；从内容的角度来讲，翻转课堂将原本学生课上需要学习的内容以视频的形式让学生在课前进行学习，然后课堂中主要进行疑问解答、问题探究交流。从内容和结构的整体角度来看，学生在课前主要进行的学习活动是视频学习，在课堂中进行的活动是教学讨论。从始至终，整个过程都是利用活动的形式进行知识的传授和讲解，充分地发挥了活动具有的教学作用。

2. 探究性实验教学形式

探究性实验教学是通过实验的方式对学生进行能力的培养、知识的传授，让学生形成生物学科的核心素养。探究性实验教学改变了学生之前从教师那里单向获取知识的学习形式，使学生可以在教师的指导下进行知识的自主探究或是合作探究。探究性实验教学完全改变了之前的教学方式，探究性实验教学遵循的实际教学顺序是：教师为学生提供实验情境及实验需要的材料或其他条件，引导学生在课前或课中进行相关实验的操作，这里的实验可以等同于教学活动，探究性实验就是另外一种形式的探究活动。

总的来说，无论是翻转课堂还是探究性实验，它们对学生知识的培养都是利用活动的形式开展，但它们也有一定的差异。一般情况下，翻转课堂进行的活动主要在课堂中完成，而探究性实验教学活动，既发生于学生的知识探索过程中，也发生于学生知识的深入理解和巩固过程中。也就是说，所有的探究过程当中都有活动的体现。无论是翻转课堂还是探究性实验在教学的过程中，教师都应注意它们和实际生活之间的关联建设，教师应为学生提供知识的学习环境，这有利于学生更好地解决实际生活中的生物学问题，实现生物学知识的迁移和应用。

（三）高中生物"探究性实验"翻转课堂的素养目标

1. 翻转课堂教学素养目标

翻转课堂教学模式并没有改变传统教学中要传授的知识和内容，它只是转变了知识迁移结构，相比于传统的教学模式，它有助于学生的独立学习能力、自主探究能力的提升。举例来说，学生可以利用网络平台自主搜寻资料，和同学进行互动沟通，在课前模块部分，教师需要在平台中为学生发布相关的知识资源，引导学生的自主学习，帮助学生养成自主学习的良好习惯，学生需要从平台中下载有关资源，学习相关视频当中的知识点，让学生更好地借助网络进行学习。学生如果遇到了学习问题，可以将问题上传到平台和同学共同探讨，也可以自主利用其他的互联网设备，查找问题的答案，这有助于培养学生主动性学习的习惯，使学生从更多的渠道获取问题的最终答案。在课中模块部分，主要处理的是学生自主学习过程中遇到的问题，让学生汇报自主学习结果，在课堂中也可以进行小组模式的学习，小组模式的学习有助于学生合作能力、评价能力、沟通交流能力的提升。在和其他人交流辩论的过程中，学生可以更冷静地思考，并运用专业术语进行知识的表达。

2. 探究性实验教学素养目标

探究性实验可以从更全面的角度对学生的科学探究素养进行优质培养，无论是问题的提出、活动的进行，还是最后结果的讨论，所有的环节都是对学生能力的历练，而且每一个环节侧重的方面不同。综合来看，教师对学生进行了全面综合素养的培养。

第一，实验探究过程。具体来讲，过程涉及问题的提出、假设的提出、方案的设计与实施以及最后的结果讨论、结果交流。这些环节中的每一个环节都可以实现学生素养的培养，所有环节的进行都需要小组内成员进行充分的合作，不断提出新的想法，不断创新来解决问题。整个探究过程培养了学生对生物学现象的观察能力、从现象中概括问题的能力、提炼问题的能力、根据问题情况进行方案设计的能力及方案执行的能力，最后，还涉及结果的讨论能力、分析能力，整个过程着重体现学生之间的合作能力、创新能力。

第二，知识内化过程。这一过程类似于翻转课堂中的课堂教学部分，它涉及学生的交流探讨、问题的解答、结果的演示与汇报，对学生能力培养与课堂教学基本是一样的，如培养学生的合作能力、数据分析能力、问题解决能力、语言表达能力。

在翻转课堂教学模式下，学生的合作能力有了更强的提升，可以进行更独立的自主学习，学生的自主探究意识也有所加强，学生会真正将学习当成是自己个人的事情，形成较强的主动性，开展更多的学习活动。在翻转课堂教学模式上，生物教学效率有了明显的提升。探究性实验比翻转课堂对学生能力的培养要更多、更全面，如它培养学生对现象的分析能力、问题的提炼能力、方案的设计能力、实施能力、合作能力、创新能力等，所有的环节都注重学生自主性的体现，始终把学生当作学习的中心。但是，二者也存在本质上的不同：首先，翻转课堂属于生物教学使用的一种模式，培养学生的主动学习习惯，但探究性实验是教学内容的一部分，它让学生养成科学探究的素养；其次，二者在学生核心素养的培养方面侧重点也不同，翻转课堂教学模式侧重于培养学生的主动学习能力，而科学探究侧重于培养学生思维方面的能力，让学生掌握探究方法，形成探究思维或探究能力。

二、高中生物"探究性实验"翻转课堂教学模块

构建探究性实验的翻转课堂教学模式是进行教学实践的前提和基础，也是培养学生科学探究素养的基本保障，因此，该模式的构建显得尤为重要。为了构建具有完整探究过程和翻转课堂特点形式的教学模式，此处确立了构建该模式应遵循的四大原则。

第一，应遵循"课前自学视频、课中内化知识"的原则。翻转课堂必须要有"课前"和"课中"两个模块，先在课前自学视频，后在课中内化知识；同时要以"视频"作为知识存储的载体，以实验记录表为学习成果的记录工具，应附以一定量的习题练习。

第二，应遵循"网络平台发布视频"的原则。不论是以腾讯QQ群、微信微助教等社交软件，还是校园网站、教育系统等平台，都应将内容发布到网络平台，以网络的形式进行教学。

第三，应遵循探究性实验"实践探究"和"步骤完整"的原则。探究性实验必须有实践过程，且必须是由学生亲自完成的实际实践操作，整个过程的客观主体必须是学生本人；同时探究过程必须包括：观察、提问、设计、实施、讨论等所有环节，这样才能在各环节中培养某个素养，在整个探究性实验中培养科学探究素养。

第四，应遵循以"活动"为主形式的教学原则。目前对核心素养的落实，应多以活动形式进行培养。活动作为教学内容的良好载体，能调动学生的积极性，让学生充分参与到学习过程中，还能较好地培养学生的社会责任。这不仅是落实核心素养的形势所迫，也是落实各学科核心素养的重要途径。

基于上述四点原则，本书构建了"探究性实验"的翻转课堂教学模式，具体如下：

（一）高中生物"探究性实验"翻转课堂的课前模块

1. 教师的准备

（1）制作视频和实验记录表。当前，是一个以视频为信息传播载体的时代，各种视频软件随处可见，如"抖音""快手"等，它们都可以制作短视频，甚至是手机自带的拍照软件也达到了制作要求。因此，简单制作一个短视频的条件已经非常成熟。除了自己制作外，还可以搜集网络上大量的视频资源，简单剪辑后，就可充当教学短视频。

（2）建立平台，发布视频。目前的高中学生有微信等社交软件，有大屏智能手机等移动网络终端。为了方便管理，采用微信为学习平台，建立专门用来学习的"微信学习群"来发布视频，以便学生学习。

2. 学生的自学

（1）通过视频进行有针对性的学习。学生可以通过下载学习视频进行自主学习，在学习的过程中，不仅要注重知识的学习，还要完成探究性实验记录表。在视频教学的过程中，教师应对学生的学习效果进行初步检验，通过协助学生探究实验，加深学生对实验的接收程度。另外，还需要教师给部分学生制定针对性练习，在学生看完视频后独立完成练习。习题的设计需要注意：①练习的设计要贴合学生观看视频的内容，让学生通过练习巩固相关知识；②在设置习题时，教师应考虑大多数学生的学习水平，设计难度和数量适中的习题。针对基础较好的学生，教师可以在练习题的后面设计附加题，达到拓展学生思维的效果。

（2）小组确定实验方案。确定实验方案前，教师组织进行小组讨论交流，最终各个小组的实验方案由各个小组自行确定。需要确定的事项包括：如何获取实验材料；什么时候能够获得材料；个人初步方案的展示；如何根据个人能力和意愿进行小组实验分工等。

（3）小组共同完成实验方案。在实验课题探究的过程中，小组合作完成实验方案是最重要的一步，是整个实验的核心。在实验过程中，学生始终处于主导地位。在遵循以学生为主导的原则和培养学生自主学习能力的基础上，教师始终是实验的引导者和协作者，在说明实验要点后，全权由学生自主完成。小组共同完成实验方案的具体操作步骤如下：

第一步，实验材料和用具的获取。实验材料和用具主要分为两类：实验要用到的指定实验试剂、药品、用具以及部分不可替代的一些设备等；除指定实验材料以外的实验材料。在实验的过程中，并不是所有的实验材料都是既定不变的，只要能满足实验的基本要求，在不影响最后实验结果的情况下，都是可以用替代品进行实验的。

第二步，小组共同完成实验。实验的要求是：实验场所统一规定在实验室。在实验室开放期间，所有小组统一进行合作实验，具体时长不做要求，只要将最后的现象、数据保留在手机或者其他设备即可。同时，教师进行实验指导。虽然实验的主体是学生，但是在操作一些个别实验或现象时，还需要教师的协助，避免造成不必要的实验错误。尤其是一些具有危险性的试剂或现象，需要教师的监督和指导。

（4）实验结果和方案的上传。教师作为学生实验的监督者和指引者，在上课前，需要对课前的准备进行监督和管理，正确引导学生上传小组方案和结果。在实验的过程中，会出现失误或主观臆断导致实验结果出现偏差的情况，这就需要学生通过交流讨论，相互阐述实验中出现的偏差。除此之外，还需要各小组确定人选进行实验过程和实验结果的阐述。

（二）高中生物"探究性实验"翻转课堂的课中模块

在"探究性实验"翻转课堂中，教师始终是课堂的引导者，给予学生相对应的指导意见，具体课堂实验安排如下：

第一步，分小组进行实验探究的阐述，具体内容包括：方案抽取，阐述实验思路和实验结果；教师在上传的实验方案和结果中随机抽取三组实验方案，由每一组的代表进行发言，简述实验的步骤及结果，小组的其他成员也可以进行查漏补缺；组织其他小组进行实验差别介绍，阐述各自的不同步骤、结果和观点。

第二步，通过全班讨论形成最终的方案。对每一小组的发言进行提炼，教师组织全体学生进行交流和讨论，综合所有内容形成最完善的实验方案。

第三步，结束讨论，综合全班学生的实验结果确定最终实验方案。每一个小组阐述实验现象和结果，对结果和现象做出解释。由其他小组给出意见和建议，对内容进行查漏补缺。对于实验阐述中雷同的部分，一个小组阐述完成后不做重复阐述，避免内容重复、占用课堂时间，从而保证小组成员充足的讨论和内化时间。

第四步，教师进行总结归纳。首先，对每一个小组的实验方案及结果，教师都要进行简要概括，加深学生对本节知识的印象。其次，强调实验中的注意事项；对学生在实验中通过讨论交流仍然没有发现的问题进行指导；对部分遗漏的地方进行补充；最重要的是进行方案设计思路的说明，最后进行总结归纳。

第五步，进行交互式评价。完成小组讨论和解决实验难题后对教学进行评价。首先，进行内部交流，总结小组内进行实验的优缺点，对小组成员的实验操作进行评价，并指出需要改进的地方；其次，小组之间相互纠正，互相评价小组之间的优缺点，并给予合理的建议；最后，教师评价全班学生。在评价时，遵循第一评价小组；第二评价个人；第三评价班级的顺序进行。

第六步，练习习题的布置，巩固内化。如果课堂还有剩余时间，可以组织学生进行习题练习，巩固本堂课的相关内容。如果没有充裕的时间，可以布置合适的课后练习，巩固对应的知识。

（三）高中生物"探究性实验"翻转课堂的评价模块

一堂完整的课堂不可或缺的就是评价。在教育新课改及培养核心素养的推进下，越来越多的人将重心转移至培养核心素养上，检测学生核心素养的方法有以下三种：

第一，上课前在班级群内进行统计。课前的环节分为两个部分：课前完成的学习可以在微信班级群内进行统计；上课前学生完成的学习效果可以由学生上传，教师进行接收、批阅和修改。

第二，上课中进行及时点评。上课中的环节分为三个部分：确认到课人数，检查是否有人请假或旷课，在上课时，教师观察学生的参与程度并进行记录；课中关注学生的实验情况，观察各小组学生是否都积极参与讨论和实验；评价最终现象及结果，在实验的尾声，组织学生阐述自己对整个实验的看法，最后教师结合每一组学生的实验结果发言并进行评价。

第三，通过课外练习检测实验学习成果。教师通过学生实验试题的检测，掌握学生对实验课程的接收程度。

第三节　翻转课堂教学模式在高中生物备考中的创新

翻转课堂是对学生的学习过程进行重构，即学生在信息技术的辅助下在课前利用微课进行自主学习，在课堂上参与同学和教师的互动活动（释疑、解惑、探究等）的一种教学形态。基于翻转课堂的一般模式进行生物学高考备考，需要对各个环节的内容进行补充，而且所要达成的教学目的与应用于新课的翻转课堂有所不同。

一、翻转课堂使高中生物备考内容更有针对性

在生物学高考备考过程中，学生除了构建知识网络，更需要查缺补漏，有针对性地弥补知识欠缺。常规课堂上，教师往往会结合考纲和历届高考试题，精细梳理知识清单，在复习过程中带领学生进行地毯式搜索知识盲点，这种方式比较耗时。在信息技术的辅助下，使在复习之前利用教学云平台对学生进行学情调查成为可能。教师对知识清单进行提炼，在体现知识大框架的基础上，突显高频考点、重要考点，以此编制"疑难点"调查表，这样就可以在复习之前了解学生知识上的薄弱点。

二、翻转课堂使高中生物备考资源更加多样化

常规课堂上，教师在有限的课堂时间丙所使用的资料往往是课本、教辅、课件等，不同层次的学生需求不一样，所以单一的资料难以满足所有学生。借助教学云平台开展的翻转课堂则可使复习资源更加多样化。

教师根据前期"疑难点"调查的结果，可结合具体内容为学生准备形式多

样的学习资料，具体包括：①教材上的基础知识，以问题的形式引导学生仔细阅读；②过程性知识，如生理过程、实验操作等，提供相应的动画帮助学生理解；③对考点的归纳总结，以文本资料形式呈现；④知识框架的构建，以"思维导图"的形式提供模板；⑤确实需要教师讲解的难点，由教师收集或制作微课。这些不同形式的学习资料，可由学生根据自己的情况有选择性地进行学习，这样可以有效节约学习时间。

三、翻转课堂使高中生物备考评价更加多元化

在高考备考过程中，让学生根据自身情况选择不同层次的习题，有利于增强学生的自信心。翻转课堂模式下，教师精选课后巩固习题，借助教学云平台发布给学生。习题分层次呈现，由学生根据自己的时间、掌握程度选择是全部做还是只做其中某个层次的题目。学生做完提交后即可显示答案和解析，在规定时间内没有完成的题目则会进入"错题集"，学生还有机会再做。学生做错的习题会自动收录到教学云平台上的"错题集"，供学生日后再次检测，成为学生个性化的学习资源。教师可利用教学云平台对学生的答题情况进行分析，及时对有需要的学生进行个别化辅导。在完成一个专题的复习后，学生将所学知识以"思维导图"的形式进行梳理，并展示在教学云平台上，学生之间可相互点评，并通过线上投票的方式评选出最佳作品，以便提升学生的成就感。①

---

① 郭琪琦，肖安庆.翻转课堂教学模式在高中生物备考中的创新应用［J］.教育与装备研究，2018，34（02）：46-48.

第六章

高中生物翻转课堂教学模式的应用实践研究

6

第一节　基于翻转课堂的高中生物
"生活化"教学模式

　　注重生活与现实的联系，是新课标生物教学的明确要求。高中生物内容与生活息息相关，"生活化"教学不仅可以让学生掌握课外知识、提升社会实践能力与环境适应力，还可以营造良好的氛围，使学生利用生物知识指导生活。在以培养实践能力、探索能力与创新能力为基础的"翻转课堂"中，融入"生活化"教学模式，是高中生物教学积极有益的探索。

一、基于翻转课堂高中生物"生活化"教学模式设计

　　翻转课堂是对传统填鸭式课堂的颠覆，确定了学生学习的主体地位。教师在课前利用视频，制作关于各个知识点的课件，学生对课件内容在课外自主学习，课上由小组完成交流讨论。在翻转课堂中，学生由被动变主动，学习效率大大提升。但是，从目前的实践而言，翻转课堂虽然有一定的成效，但是并未充分锻炼学生的综合能力，也不能让知识走出课堂，指导学生生活。基于此，利用翻转课堂，结合"生活化"教学模式，将生活中的场景、生活的感悟探索、生活调研等融入高中生物学习中，对提高学生的综合素质及全面发展至关重要。

　　在翻转课堂"生活化"教学模式设计中，应充分考虑课前、课中、课后，让每一个环节都能生活化，都更有趣味性与立体感。在课前的设计中，可以让学生利用生活中的物品，自主设计与本节课相关的生物实验，并观察记录；在课中的设计中，可以对生活场景进行演绎，或者是直接带入生活场景，学生在高度模拟的环境中，理解相关定义和内容；在课后的评估中，以翻转课堂评价

为模板，适当增加相关生活实践内容的评价，可以更加有效地调动学生学习的积极性。通过生活化的融入，翻转课堂可以变得更为高效，抽象的内容也会更加具体，尤其是一些概念，通过与生活的结合理解，学生的记忆将会更加深刻。翻转课堂的生活化主要以启导为基础，其最大优点就是让学生在家中实现线上预习，在生活中实现深度理解，在课堂上进行情景模拟与总结，教师仅给予指导，不进行讲述，实现了课上与课下的教学过程的融合。

二、基于翻转课堂高中生物"生活化"教学模式构建

以多维度学习为导向阶段，翻转课堂最基础的操作是由教师利用视频将所学课需要探索的问题放入互联网平台，学生在家中自主研究，查阅相关资料，找寻问题答案。在问题的设置中，教师一般以学生特点和兴趣点为基础，设置教学内容，对相关的实验进行展示。如此，有利于学生加深理解。但是，从具体的实践看，相关的"翻转课堂"环节的设置并不完善，学生虽然在课前进行了充分的预习，却并未亲身参与到社会生活中去，无法感同身受。例如，在学习《DNA分子结构》的时候，学生按照教学重点对DNA基本单位等问题进行探究，也仅仅停留于网络资料的整理。因此，在翻转课堂的构建中，应进一步融入"生活化"内容，以课外多维度学习为导向，让学生不仅仅局限于网络资料，还要自主走访相关专业人士、科技馆、博物馆等，对DNA的发现、发展等进行探究，追根溯源。在走访和交流中，锻炼学生的学习能力、交流能力。此后，由学生对自己整理的资料进行分类，将网络资料、调研资料、自主挖掘资料及不懂的问题等制作成卡片，带入课堂，进行小组讨论。

以情景化课堂为方法生物课源于生活，诸多的生物理念及生物概念都是在对生活的观察中得来的。所以，在以教师为辅、以学生为主的翻转课堂中，都不应偏离生活化。在翻转课堂中，学生在课上主要是用于课前疑难问题的小组讨论，并互相交流。在这个过程中，如果教师仅仅发挥引导作用，对翻转课堂效果将会产生重要影响。此时，可以采用情境化教学模式，让学生将生活中的情景及自己课前调研的情景进行演绎汇总，加深学生印象。例如，在学习《植物细胞的吸水和失水》时，教师可以留出专门的时间，让学生通过"包饺子""切青菜"等，结合自己的课前调研，理解植物对水分的吸收、利用。

另外，以社会实践为手段在翻转课堂的问题设计中，教师不应仅局限于

课本内容，更应充分考虑对学生动手能力的培养。例如，在利用翻转课堂模式讲述《内环境稳态的重要性》一课的时候，教师可布置课前作业，让学生观察周围的高血糖、高血压、高血脂（《2020年健康医疗预测报告》中指出，中国"三高"的患者数共计3.5亿例，这些人数已经达到总人口的25%左右）、过度肥胖的人，做好统计。随后，要求学生利用调研、资料搜集、生活走访等方式，为自己的家人量身定制一份安全健康的膳食计划，并在课堂上交流理由。

三、基于翻转课堂高中生物"生活化"教学模式评价

翻转课堂在课后会根据学生的表现、小组的表现、作业完成情况、课堂表现等内容进行评分，以便更好地掌握学生的学习情况。在基于翻转课堂的"生活化"教学中，如果将学生的调研能力、社会交流能力、生活结合能力等纳入评价体系当中，将更有利于激发学生的学习热情，更有利于翻转课堂的完善。[1]

---

① 孙彬.基于翻转课堂的高中生物"生活化"教学模式［J］.百科知识，2019（24）：45-46.

第二节　基于微视频翻转课堂在高中生物教学中的应用

一、微视频课程及其理论依据

微视频也称短视频、微电影、短片等，它的时长不短于30秒，不超过20分钟。内容广泛，形式多样，包括微电影、数字视频（DV）短片、广告片段、视频剪辑和纪录短片等。录制手段多样，个体可直接通过手机、DV、摄像头、PC等工具进行录制、编辑，同时也支持多种视频终端的播放。微视频的主要特点是：制作简单、内容精练、针对性和实效性强、形式多样、内容广泛、便于传输等。在信息技术的支持下，现在的微视频在各大视频网站中大量出现，为人们广泛接受。本书所涉及的微视频主要是指教师根据教学内容，依据所选择的教学材料，通过各种录制手段制作的教学微视频。内容包含生物科学基本概念、基本操作技能和练习讲解。

微视频课程又简称微课，是通过教学微视频作为教学内容载体，将教学内容（基础概念、教学难点、教学重点等）开发转化为一种情景化、信息化的在线视频课程。"微课程"是指时间在10分钟以内，有明确教学目标，内容短小，集中说明一个问题的小课程。

（一）微视频课程的特点

微视频课程内容简短且精准，在内容的编制上相对独立和灵活，且教学目标明确、学习方法多种多样。

首先，短小精悍的微视频课程。学生在学习知识的过程中，学习的兴趣和关注度会经历由激发初态到增至最大再到最后逐渐衰退的过程，整个过程大约

10分钟。因此，在制作微视频课程时，时长应控制在10分钟以内，3～5分钟最适宜，不能超过10分钟。在教学内容的设计上，一个微视频内容涉及的学科知识点不超过3个。微视频占据的数据内存不超过30M，以便于教师和学生传送及下载。

其次，相对独立、灵活的微视频课程。微视频课程的内容相对精练，在原本课堂教学内容的基础上，依据建构主义学习理论将知识进行碎片化分解，即使每一个知识点都成为一个独立的个体，但它们相互之间依然存在内部的联系，并能进行灵活多变的组合。因为知识点的不同，讲解的侧重点也不尽相同，这就使微视频课堂能满足不同学生的需求。

再次，教学目标明确的微视频课程。在教学过程中，对教学内容进行碎片化分解，以此确保每一个微视频课程都有对应的教学目标。根据教学目标的不同，运用不同的讲解方式进行教学，其呈现的教学方式也不同。正是因为微视频内容的短小精悍，才能准确地展现不同学习情况下的不同学习效果。与传统的教学方式相比，微视频摒弃了其中设计冗长的教学内容，设计短小精悍的教学内容，更易于被广大学生接受。

最后，提供学习方式自由多样的微视频课堂。随着互联网的发展及网络硬件设备的不断普及，学生的学习方式变得自由多样，不再受时间、地点的限制，使学生的学习更加自主化。学生可以根据自己的实际需求进行有目的的学习，满足个性化的学习。学生也可以自主制定学习计划，强化学生的自主学习能力。

（二）微视频课程的理论依据

随着互联网的发展及社会形态的快节奏发展，人们对信息接收的程度趋于简短化、多样化、个性化。在学习领域，为了适应时代的发展特点，微型学习模式应运而生，微型学习的特点包含省时、内容精练简洁、形式多样等。正是由于其简易的形态能让它依托于网络终端设备更好地呈现学习内容。除此之外，通过移动网络终端设备，微型学习能满足学生不受时空限制的学习效果。微视频课程的理论依据与微型学习的理论不谋而合，并且微视频教学在翻转课堂的运用过程就是基于微型学习理论，微型学习理论又包含了构建主义学习理论和人本主义学习理论。

1. 人本主义学习理论

人本主义理论兴起于20世纪五六十年代的美国，以马斯洛和罗杰斯为代表人物。人本主义学习理论强调人的自身价值与发展潜能，关注人的各种需求和学习过程中人的情感。人本主义学习理论观点有：①注重人自身的价值，关注人意识的主观性、选择性与学习意愿；②学习是人的自我实现途径，是丰满人性的形成路径；③必须尊重作为学习主体的学习者，学习者可以通过自我教育；④人际关系是有效学习的重要条件，可以用来创造在教学活动中的"接受"氛围。

在班级授课制下，班级容量大，尽管学习者之间存在个体差异，但是步调统一的教学过程和形式单一的教学方式无法满足所有学生的学习需要。教育面向全体学生，人本主义学习理论亦是强调以学生为中心，在教学方式的选择上必须考虑到学习者个体的差异，翻转课堂的教学模式正是建立在满足学习者个性化学习的基础上进行的。人本主义中学习者自身的价值与其发展潜能，为让学习者通过自主观看教学视频、阅读教学材料完成知识的学习提供了基础。

2. 建构主义学习理论

建构主义学习理论强调：在社会文化背景下，学习者在获取知识的过程中通过教师的指导和同伴的帮助，意义构建学习对象，从中获取学习知识，通过意义构建将所学的知识和自身已有的知识进行整合，转化成为学习者自己的知识。构建主义学习环境包含情境、协作、会话及意义四个关键组成因素。

（1）知识观。在传统知识观中，只有知识能够对现实问题进行真实的解读，而建构主义中的知识观则不以为然。建构主义学习理论认为知识并不能完整准确地对现实进行解读，而是在特定情境下的一种知识解释。因此，知识的传递需要结合假设、讨论及探索的方法。在进行翻转教学课堂时，教师应该将视频作为课堂的引子，引导学习者思索并探究问题。在内化知识的过程中引导学生进行讨论交流，构建新的知识体系。

（2）学习观。建构主义学习理论强调学习知识应该具备情境性和社会互动性，引导学生构建自己的知识架构。学习者在各个特定情境中学习和理解知识，并且将自己的知识体系融入新的理论中，使新知识和已有的知识有机结合。

（3）学生观。相较于以往的被动式学习、接收知识，构建主义理论认为，学习者的学习世界是丰富的、学习态度是自主的，且具有差异性。学习者通过长时间的知识积累，已经形成了既定的学习习惯和思维逻辑。由于每一个学习主体都是不同的，所以就需要教师的教学形式多样化，才能满足不同学生的需求。

（4）教学观。大多数情况下，学生在进入课堂之前具备一定的知识储备，所以，教师的教学设计应该充分考虑学生的知识储备量，较为常见的教学方法有支架式教学、抛锚式教学及随机进入教学。

二、基于微视频翻转课堂在高中生物学教学的应用分析

（一）微视频翻转课堂在高中生物学教学的应用原则

在设计微视频的过程中，保证教学视频质量是翻转课堂教学的重中之重，并且视频设计还应该与翻转课堂、高中生物教学和微视频教学特点相契合。所以，微视频设计需要遵循以下几种原则：

1. 讲解目标明确的原则

教育心理学的研究表明，学习者在进行学习的过程中，兴趣的保持时间是15分钟以内。除此之外，研究表明，一个人的专注度只能保持在10分钟左右。因此，设计微视频时要注意时间的控制，15分钟以内都可以。相对于传统的课堂，微视频中冗长的教学内容必须分解成多个教学内容。在进行微视频内容设计时，教学内容的把控也有严格的要求，即内容不能过多、过长，要精练。只有这样，学生才能更加准确迅速地找到和掌握教学内容中的学习目标。自然科学中，生物学科是一门相对系统、内容紧密、逻辑性强的学科。因此，建构主义学习理论在引导学习时，也特别强调学科知识的内在逻辑性。只有建立知识架构，学生才能根据掌握的知识构架结合新的知识，重新整合新旧知识，进而不断丰富自身的知识体系。所以，在教学内容的呈现上，微视频教学设计更加注重知识的逻辑排列。

2. 制作形式多样的原则

微视频的制作需要遵循内容多样化的原则，保证微视频内容的有趣性。所以，在设计微视频内容时，不能只设计单一简单的教学内容，而是要运用精确的方法对每一个知识点进行设计传递。另外，高中生物学科本身就是一门知识涉及广泛的学科，其中内容包含种群、生物系统、细胞、遗传等不同维度的知识，这就更加需要微视频进行形式多样化制作。如果编制的视频内容只有声音，不配画面，或者简单地将画面和声音生硬地组合在一起，那么教学效果一

定是不如人意的。简单粗暴的教学方式只会让学生失去学习兴趣，从而无法将知识传递下去。除此之外，因为生物知识有很多的抽象知识，且高中生的想象力还不够成熟，所以就需要通过信息技术，将抽象的知识具体化，进而更好地帮助高中生掌握相关知识。

3. 即时评价反馈的原则

行为主义的强化操作性理论，强调对学习者的学习行为进行实时评价能够强化学习者的学习能力。除此之外，学习动机认知理论也强调，对事物的结果给予积极肯定，能够激励事物的正向发展。因此，对学生的学习进行即时的评价能够持续激发学生的学习积极性和动机。这也需要对所设计的教学视频内容进行及时测试。通过对学生学习效果的把控，帮助学生树立明确的学习目标，进而判断其能否进入下一阶段的学习，教师也可以根据学习效果的反馈，丰富教学内容，进行有针对性的指导。

4. 教育性和趣味性并存的原则

微视频翻转课堂需要学习者具有较强的自主学习能力，以往的教学形式都是有教师进行监督，但因为视频教学没有时空的限制，学生自己在课下就能观看，所以学生的自主性就显得格外重要。教学视频的趣味性作为吸引学生自主学习的必要条件，一方面，可以通过编排形式多样的教学内容来实现；另一方面，可以运用语言优势提高教学的趣味性。在讲解的过程中，适时地运用诙谐语言或进行语调的转换，或是情感带入等方式，增加微视频的趣味性。比如，在讲解光合作用时，就可以使用叙述故事的形式进行教学。

5. 利于学生知识建构和内化的原则

在构建主义理论学习理论中，知识的获得并不是通过教师传授得到的，而是学生通过自己的意义建构获得的，翻转课堂的设计就是将传统知识放在课堂的最前面，让课堂氛围更加活跃，使师生关系更加和谐。教师的教学主体应该是以学生为中心，教师作为教学的协助者和指引者，由此能够更加积极地调动学生的主观能动性，激发学生的自主学习能力，让学生更加全面地构建知识和内化知识。

6. 有助于实现分层教学的原则

传统教学模式中，教师通常情况下只会设置相同的教学内容，运用相同的教学方法，通过认知负荷理论来看，这是对基础好的学生的一种错误认知，浪费了教学时间；相反的，对基础差的学生来说，造成了认知负荷过高的影响，阻碍了学生的学习。所以，因材施教对于教学来说是至关重要的。翻转教学课堂就应该从学生的不同学习程度出发，设计不同程度的微视频教学资源。这样，学生就可以根据自身的学习情况，选择适合自身的微视频教学内容，进而达到资源有效利用和学习时间合理安排的效果，在一定程度上解决了学习进度不一造成的负荷问题。通过分层教学视频的制作，可以让基础较弱的学生通过视频逐步消化其中的知识点，最终实现分层教育、个性化学习。

（二）微视频翻转课堂在高中生物学教学的应用程序

1. 分析教学内容

教师在策划微视频的内容架构时，要重视用简洁易懂的语言表达方式将知识重点转达给学生，因为在翻转课堂模式下，任课教师录制微视频的主要功能是为了让学生在上课之前就已经对于课本上的知识具备基础性的了解，从而能够在课堂上与教师围绕所学知识展开深入的讨论。这就要求教师在设置视频内容时要遵循以下三个原则：第一，建立起从简到难的知识体系结构，在拍摄视频之前，教师要提前将知识内容进行整合，理清各个知识点之间的逻辑规律，在对学生传授知识时，引导学生逐步形成属于自己的知识网络；第二，教师利用多种教学方法将知识点讲解清晰，由于不同学生的学习情况均存在差异，对不同学科内容的理解速度也不同，教师要在备课时，充分考虑到这一层面的实际情况，有针对性地对教学方案进行调整；第三，教师的教学内容不能仅局限于课本上的知识，而是要将该学科在当前社会和时代发展进程中发生的变化，或是取得的成果融入课堂教学之中，引导学生建立起将知识与实际生活紧密联系起来的思维方式，这对学生创新能力、主动学习能力、创新思考能力的培养具有巨大的推动作用。

2. 选择教学内容

由于微视频自身的特点，要求每一个视频的长度需要控制在10分钟到15分钟之间，而且视频的内容需要是相对独立的，存在较为单一的内容结构，这对教育领域的微视频来说具有一定的挑战性。首先，教师不能随机选取教学内容进行录制，而是要将整个课本的知识经过宏观的整合之后，有规律地划分为多个小的知识结构，每一个单独的知识结构作为单独一个微视频的教学内容。

例如，教师在讲授"细胞呼吸"这一章节时，将有氧呼吸与无氧呼吸的教学内容放在一起录制的效果要远远好于分开录制。在讲课的过程中，教师可以通过对比两种细胞呼吸方式在同一维度上存在的差异，更有利于学生对于知识的理解和记忆，而且这两部分的知识点也存在一定的共同点，放在一起进行内容录制也能够在一定程度上节省教学时间，提升授课的效率。

3. 确立教学目标

虽然教师在备课阶段就已经设置好了教学目标，但教师也要意识到教学目标是需要根据具体的学习阶段和学生的真实反馈做出恰当调整的，要以实际情况为基础而做出具有现实可行性的教学方向和教学目的。

教师在备课和策划微视频录制内容阶段设置最初的教学目标时，要充分考虑到教学内容的特点和学习难易程度，并且要结合高中生物课程评价标准，从课程知识体系、学生能力评估、实际应用价值等多个维度设置好微视频的教学目的。第一，知识目标，这是其他教学目标实现的最基础的目标，教师要提前对于学生的学习能力和学习情况进行充分的预测，从而在知识内容的安排上符合大多数学生的接受能力。第二，综合能力得到提升的目标，教师在向学生传递知识的同时，也要将培养学生综合能力的提升作为教学目标之一。虽然在短期内无法看到对学习成绩上的推动作用，但从长期来看，教师的视频中通过引导学生进行主动思考、不断形塑学生严谨的逻辑思维能力、空间想象能力等，综合性地提升每一位学生个体的学习能力，有利于学生获得持续不断的学习积极性和学习兴趣，进而大大提升学习效率和学习质量，同时也会在班级群体中营造出良好的学习氛围。

当学生完成教学微视频的学习后，教师通过课后的测验，以及同学生进行相关的沟通交流等活动，在获得真实反馈的基础上，重新对已经设置好的教学目标进行反思和修正，这对教师实施有效的教学活动和教学安排存在着重要的指导作用，学生也能从中获得最符合自身学习情况的教学方案。

4. 设计教学过程

由于微视频教学相比较于实际课堂教学，师生之间等双向交流互动被切断，教师无法及时引导学生集中注意力于课堂之上，这对平常课堂上注意力容易被影响的学生来说更是一种挑战。因此，教师需要在教学内容的设计上多下功夫，在教学结构、内容展示方式、语言表达、教学活动等环节进行发展创新，增强不同环节之间的逻辑性、趣味性，使用学生喜爱的语言表达方式进行内容讲解，拉近与学生之间的距离，提升教师在学生心中的好感度。

此外，微视频教学也是对教师教学经验和教学专业水平的考验，由于整个教学过程都是教师已经录制好上传到网络学习平台上的，教师无法实时根据学生在学习过程中出现的学习困难和学习问题给予及时的讲解，因此教师要充分发挥自身的专业教学能力，对学生在学习过程中可能出现的问题进行预判，从而在录制的过程中，针对学生极易出现理解困难的知识难点进行更加全面、深入的讲解。例如，可以通过展示相关的图片、视频等，运用日常生活中的实际案例加深学生对于知识点的理解。

5. 设计结果测验

翻转课堂的教学模式是将传统的课堂教学转移到了课前的线上学习平台，学生在实际的课堂情境中通过小组合作、小组展示、向教师提问、课堂测验等方式实现知识的深度内化。这不仅高效率地解答了学生在自学中出现的一些基础性问题，而且学生在课堂上进行的活动还有效地形塑了学生的自主思考、语言表达、团队合作等能力。其中，反转课堂上的测验已经不再是传统意义上的定期对学生进行统一考试，而是具有针对性、及时性、专业性的综合性检测活动，其根本目的不在于给予学生在成绩上的学习压力，更多的是帮助每一名学生都能及时地发现自己在学习过程中存在的问题和不足，以及通过设置多种类型的考查试题引导学生不断进行思考和总结知识内容，从而最终推动学生实现不同知识点之间的融会贯通。目前，我国高中生物教学翻转课堂的测验模式主要划分为两种类型：

第一，针对课前教学微视频内容的结果测验。当学生每完成一个新的微视频教学内容后，进行有针对性的内容测验，一方面，有利于学生自身及时地了解自身在学习过程中出现的不足和困难，从而可以及时地进行查漏补缺，另一方面，教师可以通过测验的数据可视化结果对于学生这一阶段的学习情况有更加全面、更加细化的了解，从而及时地调整当前的教学计划，为学生提供更加具有个性化的学习帮助。

第二，在实际课堂上进行更加深入的内容测验活动。该测验的目的是进一步加深学生对知识点的理解，引导学生发散思维，主动进行知识探索。教师一般会在这一教学环节采用多样化的测验方式，其目标不在于最终的测验成绩，而是希望学生能在测验过程中产生新的思考、新的问题、新的观点，收获新的启发。例如，教师可以设置一些开放性的思考题目，要求每一个学习小组单独进行内容展示，学生在这一过程中会自发进行知识内化和知识点串联，进而形成良好的学习效果。

6. 选择制作工具

教师在拍摄制作微视频时，需要根据教学内容和教学形式选择最恰当的视频制作工具。当前，随着手机技术更新换代的速度不断加快，已经能充分满足一般的录制工作。因此，教师在录制一些场景相对简单，使用到的教学工具较少的教学视频时，手机就已经能完全实现这一功能。当然，如果是一些涉及专业生物实验演示的教学内容，选取专业程度更好的录像机、GoPro等设备，不仅能为学生呈现出更高的拍摄效果，而且对还需要同时进行实验操作和步骤讲解的教师来说也提供了一定的便利。

（三）微视频翻转课堂在高中生物学教学的应用实践

1. 预习式微课的应用

（1）高中生物翻转课堂预习式微课的作用

第一，翻转课堂预习式微课能够提高课堂听课效果。通过高中生物课前预习式微课的学习，学生对即将学习的内容有了基本的掌握，了解哪些知识已经通过自己的学习得到掌握，做到心中有数，在上课时会轻松地跟着教师的思路探索问题。这样，学生的生物课学习变盲目听课为带着思考听课，学生真正做到"人心合一"，听课效果得到改善，学习质量得以提高。课前预习时已经学会了的生物知识再通过教师的讲解，更会加深对于知识的印象，而对于不理解的地方就成了课堂上听课的重点，在教师与同学的共同合作的帮助下，不理解的知识被消化。课堂上听课效率提高了，使得学生在课后复习做题练习与作业的时间减少，从而节约出时间用于下一节课的课前预习，形成良性循环。

第二，翻转课堂预习式微课能够培养自学能力。高中阶段学生自学能力的培养是非常重要的，直接关系到学生是否能学好生物。如果学生能较好地培养自己自学能力，不仅能提高学习成绩，在没有其他人的帮助时，也能独立处理问题，适应社会的发展。预习是教育体系中最受认可的培养学生自学能力的途径，这是因为学生通过对新课程内容的预习，可以清楚地了解课堂教学中的重难点，哪些知识不在教师的讲解下便可掌握，哪些知识自己不能理解而需要在课堂中听取教师讲解。在高中生物教学中，教师要注重对学生课前预习习惯的培养。教师在生物教学实践中，要引导学生掌握正确的预习方法。学生通过阅读教材可以掌握新教学内容中的生物学概念，不能只将预习作为一项简单的看书活动，而要在预习之后对教材内容进行深入分析，意识到生物教材中的重难点，通过预习掌握生物知识。教师要引导学生在预习过程中注意分析、归纳生物知识，注重预习新知识与旧知识之间的联系，使学生有目标地听课，对集中学生注意力、加深对知识的理解深度有着重要作用。

第三，翻转课堂预习式微课能提高学生学习的兴趣。经过高中生物课前预习式微课，有些内容学生自己可以通过自己的努力学会，就会产生一种成就感。预习存在的疑点，可以带到课堂上加以解决，在教师的讲解过程中得到答案，这会使学生产生一种优越感，迫切想解决的问题得到解决，无论在回答问题还是做习题时都会产生积极的态度。

第四，翻转课堂预习式微课能培养良好的学习品质。在课前预习中，学生不断地自主探索，感受到了学习带给他们的成功与快乐。凡事预则立，不预则废。课前预习式微课，不仅是一个不断探索领悟知识的过程，而且也是培养良好学习品质的一个开始，是主动探究问题的过程，在探究中激发学生的内在潜能，从而磨砺学生的学习定力，培养学生的学习作风。

（2）高中生物翻转课堂预习式微课的保障条件

第一，预习式微课和学校之间的配合。从学校的角度出发，学校可为学生提供教师录制好的生物预习式微课视频，学生可通过登录学校的局域校园网访问微课视频，学校也可将视频传输到学校电脑机房的电脑当中，然后设置学生到电脑机房学习相关生物技术的课程，让学生可在学习新课程之前观看生物课前预习式微课。生物预习式微课有非常强的目的性，它为学生的个性化学习需求提供了支持，让学生的预习更加容易，更有效果。如果学校条件不允许或是学校不太方便投入大量的计算机给学生使用，那么可以为每一个班级配置一台或两台电脑，教师可在生物新课的学习之前为学生拷贝生物预习式微课，然后让学生利用自习课或课间休息时间有选择地观看。在班级配备电脑的形式可为学生提供更大的便利，更有利于学生自主安排学习时间，可充分地激发学生的学习兴趣和热情。

第二，预习式微课和家庭之间的配合。调查结果显示，学生最愿意进行课前预习的时间是结束学校课程回到家之后的时间。为了让学生在这一时间内进行生物预习式微课的学习，教师可使用U盘为学生拷贝提前录制好的预习式微课视频，然后让学生将U盘带回家中预习。在家进行生物课前预习这种方式也为学生提供了便利，学生可以根据自己的需要决定是否观看生物预习式微课视频。如果学生认为这节课的内容简单，没有必要进行生物预习式微课的学习，那么他也可以选择不拷贝教师U盘当中的预习式微课。

第三，预习式微课与网络之间的结合。时代在不停地发展与进步，网络是21世纪典型的代名词，网络慢慢地走入了千家万户。目前我国已经基本实现了互联网的普及，互联网的出现为各个行业带来了巨大的变化，在互联网的影响下教育有了更多的方式，相比传统的教学方式更为便捷，使人们的生活更加贴近。高中生物教学中，无论是教师还是学生都应该借助于网络资源让生物课程更具吸引力，让生物内容更加丰富多彩，让教学设计更加有趣，更好地激起学生学习知识的热情和欲望，还可以让学生掌握知识的本质，让学生更好地运用知识，更好地将学习能力提升上来，整个生物课堂的教学效率也会明显提升。所以，生物预习式微课和网络之间的结合给学生学习途径提供了巨大的支持，也让学生的学习更加便利，让学生有了全新的学习选择。

生物课前预习式微课在与网络进行结合的过程中，依托互联网技术，在互联网当中上传教师提前制作好的预习式微课，学生可通过登录本校网络空间或是班级网络空间的方式展开生物预习式微课的自主学习，学习当中的疑问可以带到课堂当中寻求老师的解答。教师需要在生物预习式微课当中加入需要学生在课前完成的预习内容，通过生物预习式微课学生可以更好地了解本节课要学习的重点内容、难点内容，学生也可以更好地掌握课堂重点。生物预习式微课的出现解决了教师授课过程当中最为头疼的问题。除此之外，生物预习式微课让学生个性化地选择要学习的知识点，个性化地听取知识点的内涵解析。学生完全可以按照自己的学习需求挑选课前需要预习的内容。课前的充分预习可以让学生对知识的印象更加深刻，因此，课前预习式微课可以说是对传统生物课堂学习的一种补充。

总的来说，翻转课堂这种全新的教学形式得到了教育研究专家们的重视，它和传统的课前预习比较相似，都是让学生通过预习的方式产生学习疑问，然后通过课堂教学进行解答。当前，各个学校的多媒体设备建设得相对完善，翻转课堂为学校的应用提供了条件，学生的学习不再局限于课堂的45分钟，学生的学习时间更长，学习方式更多样化。生物预习式微课和翻转课堂之间的结合可以朝着更深入的方向发展，最终实现生物教学效率的更快提升。

（3）高中生物翻转课堂预习式微课的设计

高中生物翻转课堂预习式微课的设计需要遵循以下原则：

第一，针对性原则。学生的课前预习指的是新知识学习之前学生进行的自主学习过程。在预习阶段，学生的学习是处于自由状态的，没有外在的管控，教师对学生的预习情况很难进行全面了解，而且教材的内容比较枯燥，无法激起学生的兴趣，学生的积极性不高。所以，教师在设计课前学习微课视频的时候，一定要体现出视频知识点的针对性，一条视频中知识点要集中，内容不宜过长，否则容易造成视觉疲劳，课前预习视频也就没有了应用价值。

第二，层次性原则。学生的成长环境不同，父母提供的家庭情况、教育方式也存在着差异，加之学生本身学习能力水平也有一定的不同，所以，学生养成的学习习惯及学生对知识的接受程度会处于不同的层次阶段。微视频的制作需要考虑学生的这些差异，不能将视频制作的过易或过难，因为不管是易还是难，都不利于激发学生的学习兴趣，无法吸引学生的注意力，所以，视频的设计需要综合考虑学生学习程度、学习水平难度，不宜过度。如果学生没有办法理解微视频当中传递出的知识，那么，也无法形成对课前预习这一阶段的兴趣。

第三，明确性原则。通过调查和了解学生的预习阶段，教师发现学生并没有明确的预期目标。在预习的时候，只是对课本内容进行大致浏览，无法确定本节课要学习的重点和难点。所以，微视频的制作必须清楚地指出课程教学目标，学生在学习完整个微视频后就会明确知道这个视频要学习的内容，这样才能实现预期目标的达成。清晰的教学目标有助于学生确定方向，也有助于学生在接下来的课堂学习过程中朝着这个目标去努力。

第四，学生中心原则。遵循建构主义理论，把学生当作是视频设计中心。新课程标准明确指出，教学课程的设计需要把学生当作设计中心，转变学生之前的预习状态，不让学生脑袋空空地进入课堂，而是让学生预习后带着问题进入课堂。生物课前预习微课把学生当作中心主要有两个原因：首先，知识的建构是学生自己主动完成的，教师只是学生知识建构的帮助者，所以，学生必须积极主动地进行信息的获取、知识的学习，不可以被动地等待教师发出学习信号，学生应该在教师给予讲解之前就进行知识的综合学习，了解知识的意义及内涵，这样外在的知识才能变成学生自己的知识；其次，学生进行生物知识的预习过程中，可以联系自己的生活实际，建立生活和课程之间的密切关系，让学生了解新知识的学习需要调动哪些已有知识及经验，通过新知识和已有知识之间的结合联系，学生就会更好地吸收新知识。

第五，开放性的设计原则。高中生物课前预习式微课的设计是至关重要的，因为生物课前预习式微课涉及的教学内容非常多、非常灵活，也没有固定的课程教学模式。正是这一原因，学生才可以随时进行课前预习学习，学生的学习更加开放。预习式微课的这一开放性特性使学生更愿意将微课推荐给其他的学生使用，这不仅促进了预习式微课的更好发展，也为更多的学生提供了接触预习式微课的机会，为更多学生的成绩提升提供了帮助。但是，课前预习的本质是学生自主学习，教师的作用就是帮助学生自主学习，激发学生形成更大的兴趣。所以，生物微课在教学设计的过程中，教师应注意为学生创设和谐自由的学习氛围，让学生的思维可以自由地发展，对学生的思维进行更多开放性的训练，鼓励学生勇敢提出自己的疑问，并且积极努力地去解决问题。

第六，在情境教学的基础上进行创新设计原则。在高中阶段，学生的全面发展包括两层含义：一方面，是全体学生要共同发展；另一方面，是学生要实现知识、价值观念、情感及能力等各方面的综合发展。其中，学生的全面发展不仅关注学生知识学习、技能掌握情况，还注重学生情感方面的变化、态度方面的成长，让学生成为完整的、全面发展的学生。教学设计也是一样的，教师需要考虑学生的全面发展，这涉及以下四个方面：首先，注重学生的个性养成，注意学生的身体健康；其次，将教材或课程中隐藏的教育因素充分挖掘出来，让更多的因素服务于学生的学习，促进学生的全面发展，让学生养成正确的价值观，用积极的态度参与学习活动；再次，教师应从生活角度出发，为学生创设与生活贴近的、学生更加熟悉的情景，这可以让学生忽视因陌生的生物知识产生的距离感，让学生感觉自己的生活和生物知识非常贴近，引导学生主动挖掘生物知识，促进学生在生物方面开展合作探究；最后，教师为学生创设的问题情境应有新意，如果经常使用学生非常熟悉的情境，可能导致学生知识难以迁移，难以建立新旧知识之间的关联。

（4）高中生物翻转课堂预习式微课的策略

① 高质量预习式微课设计策略。

第一，视频内容应具有普遍适用性，而且内容应做到丰富多彩。首先，视频内容必须适合制作成微视频，必须选择和知识点贴合的内容，如果只是纯粹的类似于教材形式的文本阅读的内容就不太适合以视频形式呈现。其次，一个知识点的解释应从多个角度进行，提供更加多样化的内容，从多个角度解释知识。优秀的视频应该涵盖一个知识点所有相关内容，应涉及所有相关素材。只有内容丰富的视频，学生的兴趣才能从各个角度被激发，学生才能形成更积极的主动性。这也正是翻转课堂的魅力所在，它比传统课堂教学内容要更丰富一些，更具有多样化。

第二，视频时间不宜过长，应该达到简洁性的要求。恰当的视频时长可以让学生的学习热情始终维持在较高的水平，如果视频的时间过长，那么学生的兴趣必然会慢慢降低，无法促进知识的更好吸收，也没有办法将重点突显出来；如果视频时间较短，则无法实现知识点的全面讲解。

第三，制作视频时应使用专业性的技术，这就需要教师掌握现代计算机技术。制作视频需要教师先收集视频中需要的素材，需要教师掌握素材收集技术。除此之外，视频的制作也需要教师掌握视频剪辑技术，如会运用录制视频的软件、会运用视频的剪辑软件、视频的美化软件等。虽然10分钟左右的视频看起来比较容易，但是实际操作过程中涉及方方面面的问题，对技术有比较高的要求，对教师来说依旧存在一定的难度。所以，要求教师学习视频制作技术，正确地使用专业性的技术工具。

② 自主学习策略。

第一，加强学生对学习的规划能力。虽然翻转课堂倡导的自主学习为学生指明了学习方向，让学生有一定的学习目标，但依旧要加强学生对自主学习的规划意识，让学生形成更强的自主学习规划能力。

第二，设置清晰明确的学习任务单，突出主要学习任务。预习任务单由生物教师自主设计，目的是为了让学生更清晰地掌握学习内容、目标，选择更适合的学习方法，优秀的学习任务单可以帮助学生稳定有序地进行生物知识的预习。从当前预习任务单的设计来看，教师的设计依旧存在一些的不足，如学生看到的预习任务单通常比较复杂、比较混乱，任务中涉及的项目非常多，这会导致学生的思绪混乱，无法明确哪些是主要任务，而且不同任务间连贯性也不强，很容易导致学生陷入学习迷乱状态。所以，教师应该加强预习任务单中不同任务之间的连贯性，简化学习任务单中的项目，用清晰明确的语言阐释主要的教学目标，并且注重使用问题引导式的方法激发学生的探究欲望，通过问题引导学生自主查找预习内容。教师不应过于追求任务单设计的美观，而应注重其内容的实用性、可读性。

2. 复习式微课的应用

此处复习式微课的应用主要以高三生物复习为例进行探讨。

（1）高中生物翻转课堂复习式微课的注意事项

第一，提高教师对复习课的认识。教师应该意识到，复习课不仅要关注学生本身对知识的掌握，还应培养和提升学生的知识概括能力、探究能力等。教师只有提高对复习课的认识，才会花更多的时间和精力去备好一节复习课。

第二，丰富复习手段，提高学生的复习兴趣。通过融入多种复习手段，提升学生复习时的学习兴趣，例如：通过以点带面、以线串点的复习方式，让学生将知识系统化；用多样化的题型开展强化训练；利用教育技术如多媒体来使知识形象化和加快复习进度；通过图文并茂的方法使概念图像化、具体化；通过物理建模、数学建模、概念模型的方式使知识点由浅入深、化难为易。

第三，注重学生能力的培养，提高学生的参与度。目前，部分教师已经意识到了复习课的复习效率并不是由自己所讲知识的数量和速度决定的，而是由学生的参与度决定的，让学生在主动参与的过程中提升能力。可以利用学生合作的方式将知识串联、通过游戏的方式，进行知识比赛或直接采取竞赛的方式激发学生的学习积极性，提高其学习参与度。

在新课改的背景下，教师对复习课的教学观念有所改变，对复习课的认识有所提升，复习手段也日益丰富。

（2）高中生物翻转课堂复习式微课与一般微课的区别

第一，突破传统课堂的局限，激发学生进行自主学习和思考。在高三课堂中，主要是复习之前学过的知识，让学生对知识进行巩固、加深记忆。由于时间的原因，教师不能将所有的知识重新进行讲解，但又不能忽略学生的需要。微课的存在打破了传统课堂的局限性，为学生提供了更多思考问题、解决问题的机会，可以让学生在一定程度上从教师包办教学中解脱出来。在课堂中，学生可根据教师的指导；在课后，学生也可按照教师微课中的提示进行更多的思考和实践，进行自主知识的建构，获得学习成功的喜悦。

第二，将课堂重点呈现出来，让学生了解知识的主要发展脉络。高三一年要复习之前学过的所有知识，所以，很多知识的讲解并不透彻，很多知识的深度挖掘也不够，这就很可能造成学生知识混淆或知识理解浅显的问题。因此，在利用翻转课堂进行微课内容的设计时，应针对生物知识中的重点和难点进行设计，让学生更加清楚知识的主要发展过程，将知识剖析得更加透彻。

第三，让学生的注意力始终高度集中。注意力十分钟法则指出在学习的过程中，学生的注意力并不是一直不变的，而是有持续下降的发展趋势。一般情况下，学生能维持的高效率学习时间只有十分钟。如果想让学生一直处于高效的学习状态，那么就需要教师运用正确的教学策略，让学生的注意力一直保持高度集中。很多教师会使用PPT的方式进行知识的讲解或展示，这种方式相比其他的教学方式明显要单调许多。所以，教师应使用更多元化的教学方式，满足不同学习风格学生在生物知识方面的需要。这一要求很难通过传统的教学方式体现出来，可以充分利用微课的方式，让学生从视觉、听觉等方面综合的学习知识，使学生的注意力始终保持高度集中，更好地吸收知识。

第四，帮助学生借助有关知识点处理问题。事物之间普遍存在一定的关联性，想要正确解决问题、快速处理问题，就必须找到问题的关键点。高三生物涉及的问题和知识非常全面，很多教师没有掌握学生的真正需求，对知识的拓展没有方向、没有重点，这导致学生无法区分知识的主要和次要的部分，面对庞大的知识系统学生的学习兴趣会慢慢地降低。对知识进行全面的讲解并没有获得理想的效果。但是，微课可以主攻学习的重点和难点，让学生了解哪些知识是主要的，哪些知识是次要的，在此基础上为学生提供有针对性的练习和训练，让学生清楚地明白知识的真正含义及知识的主要应用范围。

（3）高中生物翻转课堂复习式微课的设计及应用的特征

第一，关注微课与实际课堂知识的关联性。相较普通的微课，高三生物翻转课堂复习式微课更注重与实际课堂教学的关联。无论是普通的微课，还是高三复习课的微课，它们的架构都非常完整，单个微课又能作为独立的个体存在。单一微课在知识点分解力度小，讲解全面透彻，服务于同一大的微课体系时，可以替代课堂知识教授，可作为学生自主学习的材料存在。高三课堂复习课的内容大而全,在针对重点知识制作微课时,不但要关注知识点与知识点之间的联系,当作为课堂重要的辅助材料时,更要关注其与教师课堂讲授的大知识体系的关联。这就要求在微课设计前,设计者充分了解课堂的教学现状。

第二,要求充分了解学生的实际需求。普通微课设计时注重对相应知识点特点的分析,设计过程注重以学生为中心构建和呈现知识点。高三课堂知识大而全,复习课的目的在于唤醒学生对学过的高中知识的回忆,本质上有别于"可汗式"或"五分钟课程网式"的微课设计及应用目的。从根本上而言,高三生物翻转课堂复习式微课设计及应用有别于新课教授,若单方面只关注对知识点的分析和构建方式的设计无法满足高三复习课堂的需求,高三复习课的课程设计及应用要充分考虑学生的实际课堂需求。

(4)高三生物翻转课堂复习式微课设计及应用的原则

第一,"微型"原则。"微型"指的是在尽量短的时间内为学生呈现更高精度的内容。在高三复习过程中,课堂中涉及的知识点非常全面。如果使用微课的教学方式为学生随便挑选学习一个知识,那么微课本身的针对性就没有了任何价值。高三学生学习任务繁多,压力较大,这时,运用微课针对性学习主要是为了给学生呈现有助于其能力提升的知识,让他们的时间付出和知识收获成正比。所以,教师应该仔细选择微课内容的主题,为学生挑选精确的知识重点和难点。

第二,有趣原则。微课设计想做到内容出彩,要做到内容优秀,就必须从内容、方式及策略的选择等多方面进行综合思考。高三的学习内容繁多,为了让学生在学习中始终保持较高的注意力,微课设计必须体现其有趣原则。只有有趣,才能吸引学生的注意力,才能实现生物知识的有效学习。所以,教师必须认真选择教学方式、内容和策略,搭配更加有趣的微课设计视频来教学。

第三,易懂原则。之所以要进行教学设计,是因为要通过设计让学生的学习变得更加容易,在学生真正看懂之后,学生对知识的理解会变得更容易,学生一旦理解了知识就会获得成就感,那么学生接下来的学习会更加主动。所以,微课的设计需要关注知识的易懂性。

第四,辅助原则。微课并不能代替传统课堂,它只是对传统课堂教学的一种补充方式,它之所以不能代替传统课堂是因为学校教育本身的知识系统非常全面、非常完善,涉及学生的自学、课堂教学、实验教学、疑问解答等环节,教学质量和教学效率保持着统一，教师充分发挥自己对学生学习的协调和指导作用，而微课只是辅助学生课后学习或预习的一个工具，无法代替学校教育。

第五，联系原则。微课教学主要针对的是教学重点和难点，在理解微课教学时，需将教学中涉及的重点、难点放到整体的知识框架中去思考，微课教学和实际教学应该充分地结合，而不是脱离关系。微课中涉及的内容需要和教师课堂教学中所讲的知识有联系、有衔接，如果脱离了联系，那么微课形式的学习也就没有了意义。联系原则应该在微课视频的设计之初就考虑到设计中去。①

---

① 刘炜彬. 基于微视频的翻转课堂在高中生物学教学中的运用研究 [D]. 南昌：江西师范大学，2016：8-17.

第三节　翻转课堂在高中生物教学中的渗透与实践研究

一、翻转课堂在高中生物教学中渗透与实践的不足

第一，教师没有对学生进行足够引导。翻转课堂教学的实施离不开教师对学生的引导，一方面，教师需要让学生明白翻转课堂教学对提高学生学习效率的真正优势和意义。在现阶段的教学过程中，学生可以在课下通过手机或电脑进行自主学习，来节约课堂上的学习时间。但由于教师没有足够的时间去引导学生对翻转课堂教育的重要性进行理解，所以学生往往并不重视翻转课堂教育。另一方面，教师需要引导学生提高学习兴趣，进行主动学习。在这一方面，教师的引导也是非常欠缺的，学生对翻转课堂的认可度依旧不高。

第二，教师的教学方法过于单一。翻转课堂是将课堂知识放到学生课后进行学习，课堂时间尽量用来开阔学生的思维，开放学生的思想。在实际教学过程中，教师的教学方法非常单一，通常都是以灌输知识的形式教学，并不能有效利用节约下来的课堂时间为学生进行创新教育的培养、发散思维或进行小组互动，学生的综合素质得不到足够的训练和培养，从而阻碍了学生的发展。所以，教师需要丰富并灵活地使用多种教学方法，才能使学生的教学体验更加丰富。

第三，教师很少与学生进行互动和探讨。从理论上来讲，教师既需要教导学生的理论知识，也要提高学生的实验分析能力，让他们能够对学习的知识进行互动和探讨，加强对知识的理解。在实际的教学过程中，由于课堂时间有限，教师通常不会安排课堂互动活动，或者不会组织全班共同进行互动探讨。因此，教师还需要优化教学方式，组织更多的互动环节，让所有学生都参与进

来，各抒己见，提高每个学生对知识点的理解能力。

二、翻转课堂在高中生物教学中渗透与实践的优化

（一）积极进行引导，让学生爱上生物学习

好的教学都需要教师的适当引导，这一点在高中生物的翻转课堂中也同样重要，教师通过引导让学生明白翻转课堂的优势，学生学习的主动性才能得到有效提高。在生物教学中，由于生物课程包含的知识点非常多，并且需要将不同的知识点进行充分的联系，才能学习好生物知识。因此，教师可以将生物不同知识点之间的联系传授给学生，然后由学生规划自己的课后学习计划。比如，教师可以提前将下个课程的教学视频或教学框架进行讲解，方便学生的课后预习。在讲解生命系统的层次前，教师可以搜索更多的课程资源或做好知识关联表，以便学生更好地预习知识。教师也可以通过布置课前作业的形式引导学生进行知识预习，如要求学生在上课时能将每个层次的代表物质列举出来。在课堂教学过程中，教师可以对细胞、组织、器官、个体、种群、群落、生态系统的相互联系进行提问，也可以参考人体的八大系统进行讲解，扩大学生的知识面。

（二）营造情景环境，为学生开启情景教学

不同的教学形式需要不同的教学环境，在生物教学中，由于其中存在较多的实际应用，通过情境教学的方式能让学生融入生物题目的情境中来，使学生进行主动思考，从而获得更好的解题思路和解题方法。

比如，在进行"细胞分裂期间蛋白质合成和染色体复制"的教学时，可以用视频或画图的形式展开情境教学，使学生能更深层次地理解课堂知识。在讲解"有丝分裂和无丝分裂差异"的时候，对无丝分裂的讲解可以列举具有代表性的实例，如蛙的红细胞分裂纺锤丝和染色体不会产生变化；而讲解有丝分裂时，为了展现有丝分裂复杂的变化过程，可以利用折线图、条形图、图表等方式进行讲解，或以阶段描述的形式进行讲解，使学生能了解动物与植物有丝分裂的具体过程。有丝分裂的具体过程是：首先，在有丝分裂前期，细胞核和细胞膜会慢慢消失，纺锤体和染色体慢慢出现，染色体处于散乱状态；其次，在有丝分裂中期，染色布着丝点在赤道板上稳定的排列，并且数目非常清楚，易于观察；然后，在有丝分裂后期，着丝点开始分裂，姐妹染色体慢慢分离开形

成双倍的染色体；最后，在有丝分裂末期，随着纺锤体和染色体的消失，会再次出现细胞核和细胞仁。在这个过程中，还需要强调对细胞壁的作用，从而区分动物和植物有丝分裂的差异。

（三）创造知识联系，提高学生学习意识

在生物的翻转教育实施过程中，教师既要进行教学方式的创新，也要帮助学生梳理生物知识脉络，让他们明白不同知识点之间的内在联系，培养学生学习生物知识的自主意识。教师要对知识点进行讲解，使学生可以将其联系起来，打造出自己的生物知识体系。如细胞既是地球上最基本的生命系统，也是地球上生物体功能和机构的基本单位。细胞核是否以细胞膜为界限是原核细胞和真核细胞的最本质区别，其中真核细胞存在于染色体和核膜之中，如酵母菌和各种动物，而原核细胞不存在染色体和核膜，如蓝藻、大肠杆菌等细菌，而病毒具有DNA或RNA，却不是细胞结构。原核细胞和真核细胞的相同点是都有细胞质和细胞膜。通过大量生物知识的讲解，学生能够慢慢将不同知识联系起来，进而培养生物知识学习意识。

（四）发起小组互动，促进学生交流互动

生物知识的学习不仅需要学生的独立思考，还需要通过小组互动的方式进行学习，从而获得更多的思考方式，也能让学生与学生相互帮助学习。如相对性状的分析题就可以进行小组分组合作，锻炼学生的多角度分析能力。生物体在形态结构、生理、生化等方面的特征就是生物体的性状，相对性状就是相同生物体相同性状的不同表现形式，通常学生需要运用性状分离的试验来解答一些自交和回交的生物题。这个时候，教师可将4-6个人分为一个小组进行学习探讨，每组各自制定交配方案，运用杂交、自交、测交等方式让不同基因型的植物交配或传粉，根据不同的形状对基因位置、显性基因或隐性基因进行探讨。通过分组学习，学生之间可以进行交流和互动，更加深入理解解题流程。同时，当遇到问题时，学生之间可以相互问答，互帮互助。

（五）发起师生讨论，培养学生质疑的精神

真理的学习和探索必然也会存在某些错误的情况。在教学过程中，学生的质疑精神培养也非常重要的。学生不应在学习中随波逐流，而是要敢于提问，敢于挑战权威，敢于说出自己的想法。同时，生物知识的学习既要掌握理论知识，更要掌握生物的实验原理。

在教学过程中，可以通过举例实验来探讨不同试剂的测试物质，或者是否可以更换物质对试剂进行测试，类似的实验有：①当菲林试剂与还原糖（葡萄糖、果糖、麦芽糖等）发生反应是会有砖红色沉淀产生；②苏丹三染液与脂肪发生反应会产生橘黄色沉淀，脂肪与苏丹四染液发生反应会被染成红色；③淀粉（多糖）与碘发生反应会变成蓝色；④双缩脲试剂与蛋白质发生反应会变成紫色。在举例实验的过程中可以进行师生讨论，学生可以大胆地提出质疑。同时，教师应该关注学生是否表达出心中的疑惑，并锻炼学生的质疑精神。

（六）发起快乐学习，增加学生学习积极性

高中生物翻转课堂的应用，既可以培养学生的探索精神和生物思想，也可以让学生实现快乐的学习。试验教学就是一种既能学习，又能让学生获得快乐体验的教学方式，如质壁分离实验，液泡中的细胞液为植物细胞提供液体环境，细胞膜和液泡膜两者之间的细胞质就是原生质层，也就是一层半透膜，实验过程就是对原生质层进行渗透性测试。在进行质壁分离实验前，教师需要先讲解自由扩散和协助扩散的差异，以及选择透过性膜的种类和作用，然后再进行实验，使学生在实验过程中能收获快乐，也能近距离体验生物知识，加强自身的学习思考。

参 考 文 献

［1］陈廷华.基于"翻转课堂"的高中生物学实验分类与教学尝试［J］.中学
生物教学，2016（9）：17–19.

［2］陈维.高中生物学实验教学中的人文教育［J］.生物学教学，2021，46
（3）：51–52.

［3］池汇.翻转课堂在高中生物教学中的渗透与实践［J］.科学咨询（教育科
研），2021（7）：194–195.

［4］郭琪琦，肖安庆.翻转课堂教学模式在高中生物备考中的创新应用［J］.
教育与装备研究，2018，34（2）：46–48.

［5］郭岩丽.高中生物高效课堂教学模式研究［M］.成都：电子科技大学出版
社，2017.

［6］郝琦蕾，李妙娜.高中生物实验教学现状的调查研究［J］.教学与管理
（理论版），2016（2）：30–34.

［7］黄玮.高中生物结构化教学［M］.广州：华南理工大学出版社，2019.

［8］江梅.高中生物学高效课堂的教学策略［J］.中学生物教学，2015（1）：
27–29.

［9］李国萍.新课改背景下高中生物实验教学的几点思考［J］.内蒙古师范大
学学报（教育科学版），2011，24（10）：155–156.

［10］李晓璐，孙志宏，雷超.高中生物学教学目标的制订方法［J］.中学生物
教学，2015（12）：25–27.

［11］李瑜磊.翻转课堂在高中生物教学的应用价值［J］.学周刊，2019
（19）：147.

［12］刘容.以实验装置为依据整合高中生物实验教学［J］.中学生物教学，
2016（8）：20–22.

［13］刘为华.高中生物实验教学中模式生物的系统构建［J］.中学生物教学，2017（3）：50–52.

［14］刘炜彬.基于微视频的翻转课堂在高中生物学教学中的运用研究［D］.南昌：江西师范大学，2016：8–17.

［15］鲁统群，李振义.高中生物教学中科学处理教材的策略［J］.中学生物教学，2011（12）：7–9.

［16］母进.翻转课堂在高中生物实验教学中的实践［J］.中学生物教学，2017（5）：13–15.

［17］朴金玉.新课改背景下高中生物教学改革探讨［J］.科技风，2020，434（30）：61–62.

［18］沈若玺.基于翻转课堂理念的高中生物课堂教学模式实践［D］.苏州：苏州大学，2016.

［19］孙彬.基于翻转课堂的高中生物"生活化"教学模式［J］.百科知识，2019（24）：45–46.

［20］孙瑞芳.高中生物学概念教学初探［J］.生物学教学，2013，38（6）：19–20.

［21］项家庆.高效课堂的理念与实践［M］.天津：天津教育出版社，2018.

［22］肖安庆.翻转课堂模式在高中生物教学中的应用——以"酶的特性"一节为例［J］.中学生物教学，2015（6）：46–47.

［23］肖麟.高中生物教学有效性探讨［M］.长春：吉林人民出版社，2019.

［24］杨彬彬.高中生物有效教学的实施策略［J］.考试周刊，2012（37）：155.

［25］杨秀梅.在高中生物学教学中用主线串起高效课堂［J］.生物学教学，2012，37（12）：24–25.

［26］于永纯.翻转课堂在高中生物教学中的渗透与实践［J］.中华少年，2020（4）：219.

［27］袁锦明.高中生物学教学实施"翻转课堂"的实践与思考［J］.生物学教学，2014（8）：22–23.

［28］张彩云，段启辉，万玲敏.微课堂与高中生物教学结合的路径探析［M］.长春：吉林人民出版社，2019.

［29］张庆山."翻转课堂"模式在高中生物教学中的应用［J］.中学生物教学，2014（5）：25-26.

［30］张叶，雷超，孙志宏.翻转课堂中高中生物分层教学［J］.教学与管理（理论版），2015（11）：112-114.

［31］张友峰.浅谈如何提高高中生物课堂教学效率［J］.科教文汇，2011（9）：142.

［32］赵攀.基于高中生物"探究性实验"的翻转课堂教学实践研究［D］.黄冈：黄冈师范学院，2019.

后　记

　　生物学是最贴近人类生活的一门自然学科，生物学科的知识特点使得其在翻转课堂教学方面占有优势。翻转课堂为生物学教学提供了一种形象生动的教学模式，它在高中生物课堂教学中的应用，改善了传统生物学教学的不足。随着信息技术的不断发展，翻转课堂作为生物学教学的辅助手段必将得到更加广泛的应用。本书立足现代生物教学与翻转课堂模式，对高中生物教学的有效性、翻转课堂在高中生物教学中的应用等内容进行分析，对现代高中生物教学具有一定的指导意义和实用价值。